KB233615

발명의 보물찾기

박 혁 구 지음

세창출판사

아이디어는 주변에서

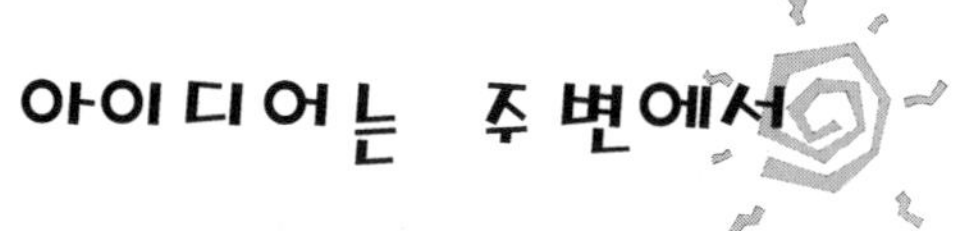

처음 발명의 세계에 들어서는 초심자들이 가장 곤란해 하는 것은 무엇을 발명하는가 하는 문제이다. 발명의 주제를 어디서 찾아야 할지, 또 무엇부터 시작해야 할지 난감하기 짝이 없다. 이것은 사냥꾼이 사냥터를 찾지 못하고 헤매는 것이나 다름없다.

발명의 사냥터는 어디일까? 아프리카의 오지? 아니면, 화학 약품이 빼곡히 가득찬 연구실? 물론 이 모든 곳이 아이디어를 찾을 수 있는 사냥터이다. 하지만 우리 곁에는 이보다 더 많은 사냥감이 있는 풍부한 사냥터가 있다. 바로, 우리의 생활 주변이 그곳이다.

흔히 발명이라 하면 멋있고, 커다란 것을 생각하게 마련이지만, 오히려 우리 생활과 가깝게 밀착되어 있고 소소한 것들이 더욱 성공에 가깝다. 사냥꾼이라면 사냥터와 사냥감에 대해 아주 세밀한 부분까지 알고 있어야 하는 것처럼, 성공한 발명가가 되려면 가장 잘 아는 분야를 노리는 것이 좋다. 자기가 잘 아는 분야, 늘 가까이 하는 곳에서 기발한 아이디어가 나올 가능성이 높은 것이다.

운전을 할 줄도 모르는 시골노인이 무인 자동차를 만들겠다

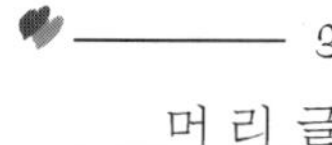

고 나서면 어떨까? 반대로 라면도 제대로 못 끓이는 사람이 실용적인 냄비를 만들겠다고 한다면 좋은 결과를 얻기 힘들 것이다.

만약 주부라면, 주방에 대한 아이디어를 노리는 것이 좋다. 음식을 끓일 때 넘쳐 흐르는 것이나, 도마를 소독할 때의 번거로움에 대해서 주부만큼 잘 아는 이가 있을까? 주방용품의 불편함에 대해서 주부보다 더 잘 아는 사람은 없고, 때문에 여기에 관한 아이디어가 제일 많을 것이다.

또 학용품에 대한 아이디어는 학생에게 가장 많을 것이다. 컴파스가 책가방에 숭숭 구멍을 뚫는 일이나, 여름철 지우개가 필통 안에서 녹아내리는 불편은 겪어보지 못한 사람은 잘 모른다.

손수 운전을 하는 오너 드라이버라면, 자동차와 관련된 아이디어를 생각해보는 것도 좋을 것이다. 허구헌날 컴퓨터 앞에 붙어사는 사람이라면, 컴퓨터와 관련된 주변기기와 관련된 아이디어를 노리면 된다.

발명에 대해서 잘 모르는 비전문가라고 할지라도, 자기가 알고 있는 분야에 대해 조금만 신경을 쓰면 좋은 아디이어를 만들 수 있는 것이다.

커터칼을 고안한 오모는 자기 주변의 불편함 속에서 아이디어를 찾아냈다. 직업상 칼을 자주 쓰는 오모는 빨리 무뎌지는 칼이 성에 안 찼다. 때문에 새로운 해결책을 찾기 시작했고, 조금씩 잘라 쓰는 커터칼을 고안해내었다. 이 발명으로 그는 부를 거머쥘 수 있었다.

이처럼 생활 주변에서 찾는 아이디어들은 그 누구도 생각지 못한 성공을 가져오기도 한다. 나의 생활 주변에서 아이디어를 찾는 작업은 마치 흙 속에 파묻혀 있던 보석을 찾아내 닦아내는 것과 같다.

　먼 곳만을 바라보지 말고, 나의 주변을 살피자. 미처 보지 못한 보물들이 기다리고 있다.

2000년　6월

박 혁 구　씀

제 1 부 발명가의 정신자세

제3부 주변에서 보물을 찾은 사람들

제1부
발명가의 정신자세

호기심은 발명의 원동력이다

왕성한 호기심이야말로 인류가 번성할 수 있었던 가장 중요한 이유이다. 하늘에 대한 호기심이 비행기를 만들었고, 우주에 대한 끝없는 호기심이 화성에 로봇을 착륙시켰다.

'왜 이렇게 될까?'

'저 곳엔 무엇이 있을까?'

'이렇게 하면 어떻게 될까?'

묻고 또 묻는 가운데 놀라운 발명품들이 등장하고, 인간의 생활을 더욱 윤택하게 발전시켜 왔다. 호기심이 발명사의 원동력이었던 것이다.

발명사에 가장 큰 발자취를 남긴 에디슨도 못말릴 정도의 호기심을 가지고 있었다. 어미닭을 대신해서 달걀을 품는가 하면, 풍선처럼 하늘에 뜨고 싶다며 가스를 들이마시기도 했다. 보통 사람으로서는 이해 못할 정도의 호기심이 아닐 수 없다. 바로 이

런 호기심이 에디슨을 발명왕으로 만든 것이다.

이뿐 아니다.

수많은 위대한 발명품들은 모두 호기심의 결과물로 생겼다.

X레이도 뢴트겐의 못말릴 호기심 덕분에 베일을 벗고, 우리의 생활 속으로 들어올 수 있었다.

뢴트겐이 처음에 관심을 기울였던 부분은 진공 속에서 전기를 방전시킬 때 일어나는 특이한 현상. 그는 음극선을 차단하는 크룩스관을 개발하여, 이를 이용하여 방전실험을 하고 있었다.

그런데 어느 날, 실험 장치에서 빛이 새어나오는 것을 발견하고, 이것이 지금까지와는 다른 종류의 선이라는 것을 알았다. 그러나 이 선이 어떤 특성을 가지고 있으며, 어떻게 쓰이게 될지

발명의 보물찾기

는 아무도 모를 일이었다. 혹시 인간에게 매우 나쁜 영향을 끼칠지도 모를 일이었다. 다만 한 가지, 이 선이 두꺼운 마분지나 심지어 나무판자도 뚫고 지나간다는 것만을 알고 있을 뿐이었다.

여기에서 그의 호기심이 발동하였다. 뢴트겐은 즉시 새로운 선의 정체를 밝히는 데 골몰하기 시작했고, 마침내 인류 최초로 X선을 이용하여 사람의 손을 촬영하는 데 성공했다.

이후 X선은 의학계에 일대 혁신을 불러오며, 널리 쓰이게 되었다. 이 X선으로 인류가 많은 혜택을 얻었음은 두말할 필요도 없다.

뢴트겐의 호기심이 아니었다면, 어쩌면 인류는 영원히 X선을 모르고 지나갔을지도 모를 일이다.

이와 같이 우리가 알고 있는 모든 발명품은 그 시작에 호기심이 존재하고 있다. 중국의 발명가는 말벌이 집을 짓는 광경을 호기심어리게 관찰한 끝에 힌트를 얻어 종이를 발명할 수 있었다. 파스퇴르도 세균에 대한 끝없는 호기심으로 역사의 한 페이지를 장식했다.

발명이나 발견의 시작은 이처럼 호기심으로부터 시작한다. '왜', '어떻게'라고 묻는 사이에 새로운 길이 보이고, 참신한 아이디어가 생기는 것이다.

어린아이처럼, 모든 것을 호기심어린 눈으로 보자. 하찮게 보이는 것이라도 다시 한 번 보고, 다시 생각하자. 우리의 선배들이 그랬던 것처럼.

제 1 부 발명가의 정신자세

한 발 앞선 발명이 성공한다

100m 달리기 경주에서 한 주자가 다른 사람을 제쳐 놓고 20m쯤 앞서 달린다면 어떻게 될까? 특별한 경우를 제외하고는, 분명히 앞서 달린 이가 우승을 하게 될 것이다. 나는 새가 아니고서야 20m 앞서나간 사람을 따라잡는 것은 불가능하다. 앞서 달릴 수만 있다면 우승은 따놓은 당상이다.

발명의 세계도 이와 같다.

남보다 한 발 앞서 새로운 아이디어를 만들어 낼 때, 성공이라는 우승의 문턱에 쉽게 다가설 수 있게 되는 것이다. 특히 경쟁의 밀림에서 끊임없이 새로운 아이디어로 승부해야 하는 기업에 있어서 다른 이보다 한 발 앞선 아이디어를 만들어내는 것은 무엇보다 중요한 일이다.

지금에야 금연운동이 확산되어 담배시장이 많이 위축되었지만, 1970년대까지만 해도 미국의 담배시장은 그야말로 노다지판

발명의 보물찾기

이었다. 하루가 다르게 커져가는 막대한 담배시장을 석권하기 위해 담배제조회사 간의 경쟁도 매우 치열했다.

한 회사에서 아이디어를 내놓고 새로운 광고기법을 동원하면 경쟁회사에서도 이를 맞받아치기 위한 전략을 내놓고는 했다.

그도 그럴 것이 소비자의 선택은 너무나 냉정한 것이어서 상대방보다 조금만 뒤처져도 금세 타격을 받기 때문이다.

이 당시 스트라익사는 경쟁사인 카멜사에 고전을 면치 못하고 있었다. 광고전략을 바꾸고, 담배의 가격을 내려도 좀처럼 카멜사를 따라잡지 못한 것이다. 여기서 스트라익사가 승부를 건 것은 겉포장지이다. 복잡한 포장 문양을 커다란 빨간원으로 대체해서 시원함을 더했다.

제 1 부 발명가의 정신자세

이 작전은 적중하여 매출이 나날이 늘어가게 되었다. 이런 상황이니 경쟁사인 카멜이 가만 있을 리 없었다. 카멜은 담배의 습기를 방지하기 위해 비닐포장을 선보였다. 획기적인 아이디어였다. 카멜사가 회심의 미소를 짓고, 매출액의 증가를 기다렸음은 당연한 일이다.

그러나 마지막 승리는 스트라익사에 돌아갔다. 스트라익 사가 카멜보다 한 발 앞선 아이디어를 내놓았기 때문이다. 카멜이 성급하게 내놓은 제품은 비닐의 포장을 뜯기가 불편했다. 스트라익사는 이를 놓치지 않고, 그보다 한 발 앞선 아이디어로 포장비닐을 쉽게 뜯을 수 있는 비닐끈을 적용한 것이다.

카멜이 당장의 이익에 급급한 나머지 앞을 내다보지 않고 성급하게 아이디어를 내놓은 탓에 초래한 결과였다. 이에 반해 스트라익사는 경쟁사보다 한 발 앞선 아이디어를 만들어 냄으로써 성공을 거둘 수 있었다.

앞을 내다보고 한 발 앞선 아이디어를 창출하자. 바로 성공의 지름길이다.

발명의 보물찾기

모든 상식을 뛰어넘어라

　영화 빠삐용을 보면, 허름한 회색옷을 입은 죄수들이 두 발에 커다란 족쇄를 달고 열을 지어 천천히 움직이는 장면이 자주 나온다.

　거듭 탈출시도를 한 중죄인들에 축구공만한 무쇠공을 달아, 쉽게 움직이지 못하도록 한 것이다. 주인공인 스티브 매퀸도 두 번의 탈출시도 끝에 커다란 족쇄를 선물받았다.

　그러나 이 족쇄는 신체를 감금할 수는 있었지만 생각의 자유만큼은 묶어둘 수 없었다. 흰 머리의 빠삐용이 결국 자유를 찾아갈 수 있었던 것도 바로 생각만큼은 자유로웠기 때문이다.

　그러나 요즘은 빠삐용과는 전혀 다른 현상이 일어나는 것 같다. 신체는 더없이 자유로운데, 생각은 보이지 않는 족쇄에 꽁꽁 묶여 같은 곳을 맴돌고 있는 것이다.

　생각을 얽매는 족쇄는 이루 셀 수 없을 만큼 많다.

제 1 부 발명가의 정신자세

이들 족쇄는 미처 우리가 깨닫지 못하는 사이에 우리의 생각을 점령하고, 방향을 결정해 버린다.

우리가 상식이라고 부르는 것도 이 보이지 않는 족쇄 중의 하나이다.

우리는 무엇인가를 판단할 때는 으레 상식에 의존한다. 상식에 어긋나는가를 먼저 따져보고 나서야, 행동을 한다. 이것이 때로는 생각의 자유를 빼앗는다.

물론, 일상생활에서 상식을 벗어나는 것은 곤란하다. 영화관에서 소리를 지른다든가, 초상집에서 춤을 춘다든가 하면 사회가 엉망진창이 될 게 뻔하다.

그러나 아이디어를 창출할 때는 이와 다르다. 상식에 얽매이면 일을 그르치게 된다. 상식은 생각에 한계를 만든다. 상상력을

발명의 보물찾기

위축시킨다. 보이지 않는 벽을 만들어, 생각의 영역을 좁혀 버리
는 것이다.

만약 상식의 굴레에 묶여 있었다면, 영국의 수많은 광부의 목
숨을 구한 안전등불 같은 훌륭한 발명품의 탄생도 없었을 것이다.

지금에야 전기를 이용한 안전한 조명이 있어, 어두운 광산에
서의 작업도 수월해졌지만 지금으로부터 1백여 년 전만 하더라도
이는 꿈도 꿀 수 없는 일이었다. 당시에는 광산 안에서 사용할 수
있는 조명은 석유등불밖에 없었다.

그런데 광산에는 쉽게 폭발하는 가스로 가득차 있어 위험하
기 짝이 없었다. 불빛을 보호하고 있는 유리가 깨어지기라도 하
면 엄청난 폭발사고로 이어졌기 때문에, 죄없는 목숨들이 많이
희생되었다. 때문에 많은 사람들이 안전등불에 도전했지만, 문제
를 해결할 수 없었다.

이 문제를 해결한 것은 상식을 뒤엎는 아이디어에 의해서였
다. 한 발명가가 철망을 이용한 등불을 고안한 것이다.

그는 유리 대신에 철사를 촘촘히 엮어 만든 철망을 사용하여
문제를 간단히 해결해 버렸다.

물론 그 발명가도 처음에는 무척 고민에 빠져 있었다. 유리
를 대신할 만한 것을 찾을 수가 없었기 때문이다. 충격에 강한 것
을 사용하면, 불빛이 가려져 등불의 역할을 해낼 수 없었고, 유
리를 사용하자니 쉽게 깨지는 것이 문제였던 것이다.

오랜 고민 끝에 철망을 사용해보자는 생각에 이르렀으나, 망
설일 수밖에 없었다. 가스는 기체이니, 철망의 구멍 속으로 수시

로 드나들어 불꽃에 닿게 되고 결국은 폭발할 것 같았기 때문이었다. 상식적으로 생각할 때, 불가능한 일이었다.

그러나 그는 마침내 상식을 무시하기로 결정했다. 상식에 얽매어 있다가는 문제를 해결할 수 없다는 것을 깨달았기 때문이었다.

그리고 실험에 들어갔을 때, 그는 놀라운 사실을 알게 되었다. 철망 안과 밖의 공기는 섞이지 않는 것이었다. 가스가 철망 안으로 들어가리라는 상식이 여지없이 깨졌던 것이다.

모든 것은 이와 마찬가지이다. 상식은 때로 우리의 생각을 얽매어 버린다. 상식의 족쇄를 벗고 생각의 자유로움을 얻을 때 비로서 창조력이 완성될 수 있는 것이다.

발명의 보물찾기

미개척 분야에 도전하라

아마추어 발명가들은 크게 두 가지 실수를 한다. 아무도 하지 못한 일에 덤비는 무모함과, 반대로 남이 가지 않은 길은 거들떠 보지 않는 안이함이 그것이다. 이 두 가지는 언뜻 보면 서로 모순되는 것 같지만, 신중함과 창조력이라는 공통분모를 가진 발명상식이다.

무모함은 새삼스레 말할 필요도 없을 만큼, 아마추어 발명가들이 경계해야 할 부분이다.

이제 막 발명의 세계에 뛰어드는 애송이가 전문지식이 요구되는 첨단분야에 뛰어든다면, 성공을 하기는 거의 불가능하다.

그러나 '아무도 성공하지 못한' 것이 아니라, '관심을 가지지 않았던' 분야에 눈을 돌린다면 결과는 전혀 다르게 나타난다. 누구나 할 수 있지만, 아무도 관심을 가지지 않았던 분야를 발굴해서 자신만의 아이디어로 승부한다면 멀지 않아 성공할 수 있을 것이다.

 ‘물이 필요 없는 걸레’로 더 유명한 ‘더스걸레’도 미개척 분야에 관심을 기울여 수확한 히트상품이다.

 “일일이 물에 빠는 수고를 하지 않는 걸레는 없을까?”

 “주부라면 걸레의 불편함을 알고 있을 텐데, 왜 개선할 생각을 안 하는 걸까?”

 “손쉽게 쓸 수 있는 걸레가 있다면 크게 인기를 끌 텐데…….”

 창틀이나 탁자를 닦을 때마다 매번 손으로 힘겹게 빨아야 하는 걸레. 매우 큰 불편함이 있었지만, 그 누구도 걸레에 관심을 기울이지 않았다. 하찮은 걸레를 아이디어의 대상이라고 생각한 이가 없었기 때문이다.

발명의 보물찾기

　한 발명가는 바로 이 점에 주목했다. 누구나 불편을 느끼지만, 아무도 관심을 기울이지 않는 '미개척 분야'. 그는 곧 물을 사용하지 않고 먼지는 깨끗하게 닦아내는 화학걸레를 선보였다.

　이것이 바로 세계적 특허까지 거머쥔 '더스걸레'이다. 이 신제품은 선보이자마자 관심을 끌기에 충분했다.

　더스걸레의 창안자는 여기에서 그치지 않고, 새로운 전국적 판매조직까지 확보했다. 또 걸레를 임대하고 일정한 기간마다 전문적으로 세척해서 방문 교환하는 사후관리 시스템도 구축했다.

　청소용구로서는 아주 획기적인 판매전략이었다. 이 전략은 그대로 맞아 떨어져, 가정은 물론이고 고급 음식점, 상점, 화랑 등에서 꾸준하게 주문이 들어왔다. 아무도 관심을 기울이지 않던 걸레로 대성공을 거둔 것이다.

　더스걸레는 이 성공을 바탕으로 해서 종합 전문 청소용구 제작회사로 발돋움했다.

　아무도 관심을 가지지 않는 구석자리를 살펴보자. 의외의 보물이 숨겨져 있을지도 모른다.

쓰레기장의 보물도 찾아라

발명가를 자처하는 사람이라면, 다른 사람이 관심을 기울이지 않는 분야까지 세심하게 관찰하고 또 관심을 가지는 자세를 갖추고 있어야 한다.

남들이 하찮게 여기고 쓰레기통에 버리는 것까지 다시 한 번 훑어보고, 새로운 용도를 찾는 노력을 게을리하지 말아야 하는 것이다. 그렇지 않으면, 남과 다른 독창적인 아이디어를 만들어 내는 것은 꿈에서나 가능한 일이다.

찬란한 보석이 깊은 산 속에 숨어 있는 것처럼, 때로는 성공의 열쇠가 쓰레기통에 숨어 있을 수도 있다.

실제로 긴 발명의 역사 속에는 쓰레기에서 엄청난 성공을 거머쥔 사람들의 예가 얼마든지 있다.

만국 공통의 해열제가 되어 버린 아스피린은 그 대표적인 예이다. 인간이 만들어낸 약 중에서 가장 안전한 것으로 알려진 아

발명의 보물찾기

스피린은 실은 물감공장 뒤편에 쌓여 있던 폐기물로부터 얻어낸 것이다.

　바이엘을 세운 칼 도이스베르그는 원래 작은 물감공장을 운영하는 평범한 사업가에 불과했다. 그가 성공의 실마리를 얻은 것은 1883년 어느 날. 당시 획기적인 해열제로 안티피린이라는 물질이 개발되어 화제를 모으고 있었는데, 그는 신문에서 기사를 읽고 안티피린이 자신의 창고 뒤에 쌓여 있는 쓰레기와 비슷한 물질이라는 사실을 알게 되었다.

　그는 주저하지 않고 이 쓰레기들을 연구실로 끌어모아, 새로운 약으로 거듭나게 했다. 이렇게 탄생한 것이 바로 아스피린. 이 아스피린은 안티피린보다 훨씬 약효가 뛰어났고, 안전성도 높

제 1 부　발명가의 정신자세

아 순식간에 최고의 약으로 군림하게 되었다.

마치 재투성이 아가씨가 마법의 힘으로, 행복하고 아름다운 공주가 된 것이나 마찬가지였다.

이뿐 아니다.

일본의 이시가와는 남들이 버린 가죽으로 골무를 만들어 '골무왕'이라는 칭호까지 받게 되었다. 또 아이보리 비누를 만들어낸 여장부 후지무라도 쓰레기통에 들어갈 뻔한 실패작을 다시 한 번 관찰해서 물에 뜨는 가벼운 비누라는 히트작을 만들어냈다.

만약, 후지무라나 칼 도이스베르그가 쓰레기를 하찮은 것으로 생각하고 그냥 비웃어버렸으면 결과는 아주 딴판이 되었을 것이다.

칼은 아마도 평범한 물감회사 사장으로 만족해야 했을 것이고, 후지무라는 실패한 비누 덕분에 재정난에 허덕여야 했을지도 모른다.

하지만 이들은 쓰레기에서 보석을 골라내는 탁월한 관찰력으로 아무도 하지 못한 일을 해냈다. 그들의 성공의 비결이 바로 여기에 있는 것이다.

즐겁게 쓰레기통을 뒤져보자. 남의 눈에 띄지 않은 보석이 주인을 기다리고 있을지도 모른다.

발명의 보물찾기

기록하는 습관을 들여라

생선의 생명은 신선함. 갓 잡아올린 횟감을 초고추장에 찍어 먹는 맛은 말로 이루 형용할 수 없다. 반대로 오래된 생선만큼 불쾌한 것은 없다.

코를 찌르는 비린내 때문에 가까이 가기조차 꺼려진다. 본래의 아름다운 색도 변해 버리고, 탄력을 잃어 버린다. 시간이 흐르면 흐를수록, 그 가치가 떨어져 버리는 것이다. 때문에 생선을 취급하는 사람들은 가능한 한 살아있는 상태를 유지하려고 애를 쓴다. 그게 불가능할 때는 바로 얼려서, 신선도를 유지하는 방법을 쓰는 것이다.

아이디어도 생선과 마찬가지이다. 처음 머릿속에서 번득일 때는 살아 날뛰는 연어처럼 힘차고 생명력이 넘친다. 그러나 일단 그 시기가 지나고 나면, 빠르게 변하기 시작한다. 점점 기억이 희미해지고, 처음과 같은 힘이 떨어져 버린다. 한 서너 시간

제 1 부 발명가의 정신자세

후에 다시 기억해내려 하면, 처음의 반도 떠오르지 않는다. 심한 경우 아예 망각의 강 건너로 넘어가 버리기도 한다. 이 땐, 기록으로 남기는 수밖에 없다.

갓잡은 오징어를 거대한 냉장고에 얼려 도시까지 수송하듯, 떠오른 아이디어를 수첩에 간단하게 메모해두면 언제고 처음과 같은 생명력으로 되살아날 수 있다.

고기잡이에게 성능좋은 냉동고가 꼭 필요하듯, 아이디어 사냥꾼에게는 언제 어디서나 아이디어를 메모해서 자신의 것으로 만들 자세가 필수적이다.

보통 새로운 아이디어가 떠오르면 그 자리에서 기록하기보다는 대부분 기억에 의존하려고 한다. 이것은 위험한 생각이다.

아무리 기억력이 좋은 사람이라도, 시간이 지나면 많은 것을 잊게 된다. 당시에는 아주 중요하게 생각되었던 것도, 나중에는 희미해지는 것이다.

만약 길거리를 걷다가 웅덩이에 발이 빠지는 일을 겪었다고 가정해 보자. 당시에는 불쾌한 마음에 당장 해결책을 만들어야겠다고 다짐을 할 것이다. 그러나 다른 사람을 만나서 즐거운 이야기를 나누고 맛있는 식사를 하는 사이에, 불쾌했던 일은 까맣게 잊어버리게 된다. 당연히 해결책을 만들겠다는 생각은 저 멀리로 날아가 버린다.

그러나 그 자리에서 메모를 해두었다면, 이야기는 달라진다. 그 날 저녁이든, 아니면 다음 날이든, 메모를 보는 순간 그 때의 기억이 되살아나고 문제해결을 위해 노력하게 될 것이다.

발명의 보물찾기

이것이 바로 아이디어 창출의 시작인 것이다. 실제로 역사에 이름을 남긴 많은 발명가들은 말릴 수 없는 메모광이었다고 한다.

성공한 발명가들에게 가장 큰 재산이 무어냐고 물으면, 대부분 '아이디어 공책'이라고 대답한다. 아무리 사소한 것이라도 꼼꼼히 기록해 두었다가, 후에 아이디어 뱅크로 활용한다는 것이다.

세계적인 기업인 3M의 성공비결도 바로 이 아이디어 공책이다. 떼었다 붙였다 할 수 있는 '포스트 잇' 등 기발한 인기 상품을 속속 내놓고 있는 3M사는 아이디어를 사원들의 '아이디어 공책'에서 얻고 있다.

3M사는 모든 종업원들에게 아이디어 공책을 갖도록 권유하고 있는데, 사원들은 마치 일기 쓰듯 일상생활에서 떠오르는 기

발한 생각이나 불편한 점을 꼼꼼하게 기록한다. 그리고 한 달에 한 번 정도 이 공책의 아이디어를 발표해, 그 중에서 상품화 가능한 것을 골라내는 것이다.

3M사는 이 아이디어를 바탕으로 해서, 다른 기업과의 경쟁에서 이길 수 있었던 것이다.

또 요요와 훌라우프 등을 만들어 장난감의 제왕으로 불리는 루이 마크스도 세계각지로 여행을 할 때면 반드시 낡은 공책 한 권을 꼭 가지고 다녔다고 한다. 여행지에서 보고 들은 것을 기록하여, 나중에 장난감의 아이디어로 활용하는 것이다. 그는 그 소중한 공책 덕분에 히트 장난감을 연이어 만들어 낼 수 있었다.

아무리 사소한 것이라도 기록하는 습관을 들이도록 하자.

발명의 보물찾기

많은 자료와 재료를 모아라

서울에서 부산까지 가는 방법이 몇 가지나 있을까?

비행기를 탈 수도 있고, 때로는 기차를 이용할 수도 있다. 또 버스를 타거나 시간이 넉넉한 사람은 아예 걷는 것도 가능할 것이다. 사람에 따라서 얼마든지 다른 방법을 택할 수 있다.

아이디어를 창출하는 과정도 이와 비슷하다. 정해진 한 가지 방법이 있는 것이 아니다. 목적에 따라서, 혹은 다루는 과제에 따라서 많은 방법이 있다.

다른 사람의 아이디어를 빌려 자신의 것으로 발전시킬 수도 있고, 어느 날 우연히 번뜩이는 힌트를 얻을 수도 있을 것이다. 방법은 정말 여러 가지이다.

그러나 부산에 가기 위해서는 방안에 가만히 앉아 있으면 안 되고 반드시 움직여야 하는 것처럼, 어떤 경우에도 변하지 않는 사실은, 모은 만큼 좋은 결과를 얻을 수 있다는 것이다.

　간혹, 시간이 오래 걸린다는 이유로 자료수집에 무심한 사람들이 있는데, 이는 하나만 알고 둘은 모르는 잘못된 생각이다. 많은 자료는 새로운 아이디어를 창출하는 데 결정적인 역할을 하는가 하면, 보다 완벽한 해결책을 만드는 데 도움을 준다.

　돌덩이가 여러 개 모이면 그 속에 값비싼 보석이 있을 가능성이 커지는 것처럼, 많은 자료와 재료를 모으면 훌륭한 아이디어를 창출할 가능성이 그만큼 높아진다.

　음료수 병의 마개로 쓰이는 왕관뚜껑을 발명한 페인타의 경우, 새로운 병마개를 만들기 위해 전세계를 뒤져 수만 개의 병뚜껑을 모았다고 한다. 그는 이 뚜껑들의 장점과 단점을 파악하고 이를 아이디어 창출에 적용해서 훌륭한 병마개를 만들어냈다. 산만큼 쌓인 병마개 무더기가 그의 성공의 비결이었던 것이다.

발명의 보물찾기

천재 발명가로 불리는 에디슨도 실은 엄청난 수집광이었다. 그는 한 가지 발명을 할 때마다 보통 사람은 상상도 못할 만큼 많은 재료를 시험하고, 비교해서 가장 좋은 결과를 보이는 것을 선택하고는 했다.

전구를 발명할 때도 마찬가지였다. 전구의 빛을 내는 가장 중요한 필라멘트를 만들기 위해 그는 상상할 수 있는 모든 재료를 실험대상으로 삼았다.

전기가 통하는 각종 금속은 물론이고, 심지어는 대나무 껍질과 금·은·보석까지 모두 동원하였다. 몇 가지 재료에서 좋은 결과를 얻을 수 있었지만, 그는 만족하지 않고 더 많은 재료들을 끌어 모아 실험을 계속했다. 덕분에 그는 가장 적절한 재료를 찾을 수 있었고, 인류에게 밝은 밤을 선물할 수 있었던 것이다.

발명의 세계에서 쉽고 간단하게 얻어지는 것은 아무것도 없다. 쉽게 얻은 것은 오래 가지 못하고 곧 그 바닥을 드러내게 마련이다.

자료와 재료의 수집은 곧 발명이라는 집을 짓기 위한 벽돌과 같다. 많은 벽돌을 모은 이는 크고 튼튼한 집을 지을 수 있는 반면에 재료 수집에 소홀한 사람은 작고 허술한 집으로 만족해야 하는 것이다.

발명가의 재산은 뭐니뭐니 해도 많은 자료와 이를 실험하기 위한 재료이다. 가능한 한 많은 자료와 재료를 모으라. 지금 당장은 별로 쓸모가 없어 보이는 것들도, 아이디어 창출에 훌륭한 한몫을 차지하는 때가 올 것이다.

제 1 부 발명가의 정신자세

실수와 실패를 두려워 말라

　성공하는 사람과 실패하는 사람의 차이는, 실수 앞에서의 태도로 쉽게 알 수 있다. 실패하는 사람은 흔히들 실수 앞에서 낙심하게 마련이다. 또 실수로 인해서 겪게 되는 어려움을 극복해낸다고 하더라도, 실수의 원인을 깊이 분석하지 않고 그냥 넘어가는 경우가 대부분이다. 실수를 얼른 잊어 버리려 하는 소극적인 자세로 일관하는 것이다.

　이에 반해 성공하는 사람들은 실수 앞에서 더욱 냉정해진다. 오히려 실수를 되씹고, 다시 분석하고, 원인이 무엇인가 이리저리 계산해보는 것이다. 실수를 실수로 가볍게 넘기지 않고 여기서 다시 새로운 사실을 만들어내는 적극적인 사고방식이 바로 성공하는 사람의 자세인 것이다.

　'아차 또 실수 했네. 어디가 잘못된 거지?'

　'왜 이런 실수를 하게 되었을까? 혹시 내가 모르는 다른 이유

발명의 보물찾기

가 있었던 것은 아닐까?'

　단순한 실수일지라도 이렇게 되묻는 동안에, 미처 생각지도 못한 새로운 길이 열릴 수도 있고, 문제의 해결점에 더 빨리 도착할 수도 있다.

　강철의 대량생산 길을 연 영국의 발명가인 베시머가 좋은 예이다.

　베시머가 처음 발명의 길에 뛰어든 것은 영국·프랑스·러시아 간에 벌어진 크림전쟁 때문이었다. 그는 조국의 승리를 위해 보다 강한 대포를 만들어야겠다고 결심하고 밤낮으로 연구했다. 그의 아이디어는 포탄이 나가는 포신 부분에 나선으로 홈을 파는 것. 그렇게 하면 포탄에 회전력이 더해져서 더 멀리 날아갈 수 있으리라 생각했던 것이다. 베시머의 아이디어는 적중해서, 베시머의 대포는 다른 것에 비해 두 배 이상 멀리 날아갈 정도였다.

그러나 결과는 실패. 대포의 포신이 충격을 견디지 못하고 금이 가버린 것이다. 대포알이 멀리 날아가는 것도 좋지만 두어 번 발사하고 망가져 버리는 것이라면, 전쟁에선 쓸모가 없는 무용지물에 불과하다.

포탄에 회전력을 가하기 위해서는 보다 강한 포신이 필요하다는 것을 미처 계산에 넣지 않았던 것이다. 베시머의 실수였다.

여기서 베시머는 적극적인 자세로 해결에 나섰다. 포신에 금이 간 이유를 철저히 분석하고, 문제를 해결하기 위해 연구에 골몰하기 시작했다. 실수의 원인을 분석하는 과정에서, 그는 자신의 대포뿐 아니라 모든 산업에서 보다 강한 철이 필요하게 되리라는 사실을 알게 되었다. 강한 철을 만들 수 있는 기술이 없는 까닭에 베시머와 같은 실패가 되풀이 되고 있다는 사실을 깨달은 것이다.

그는 그 길로 새로운 강철을 만드는 데 뛰어들었다. 날마다 대장간을 드나들며, 직접 철을 제련하기도 했다. 이 결과 그는 머지않아, 강철을 만드는 데 성공했다. 그리고 이를 바탕으로 제련공장을 세우고, 강철을 보급하기 시작했다.

대포의 문제를 해결한 것은 물론이고, 새로운 성공의 기회를 거머쥔 것이다. 이것으로 베시머는 세계 최고의 철강왕으로 군림할 수 있었다.

실수를 가볍게 넘기지 말고, 보다 진지하게 원인을 분석하자. 미처 발견하지 못했던 실마리가 거기 숨어 있다.

때로는 바보 같은 생각도 해보라

새로운 것, 더욱 새로운 것을 추구하다 보면, 막다른 길에 부딪치는 때가 생긴다. 온갖 방법을 동원해도 문제는 해결될 기미를 보이지 않고, 늪에 빠진 것처럼 점점 더 나쁜 상황이 되고는 한다.

이럴 땐 완전히 긴장을 풀고, 스스로 바보가 되어 보는 것도 좋은 방법이다.

'바보'라고 하면 흔히들 나쁜 것, 쓸모 없는 것이라고 생각한다. 그러나 아이디어를 창출함에 있어서는, 때로는 바보스러움이 지나친 영악함을 이길 때도 있다. 바보가 된다는 것은 새로 시작하는 것을 의미한다.

잘 알고 있는 사실도 마치 모르는 일인 양 처음부터 다시 생각한다. 또 당연한 일들도 고개를 갸웃거려 보자. 마치 아무것도 모르는 것처럼 시시콜콜한 일들을 되짚어 보고, 이미 끝난 일들

제 1 부 발명가의 정신자세

도 다시 끄집어내서 따져 보자. 평소에는 그냥 넘어갔던 문제들도 새로운 사실을 만난 것처럼 보자.

이렇게 바보처럼 고개를 갸웃거리고, '왜'냐고 묻는 동안 지금까지 보지 못했던 사실들을 발견하게 될 것이다. 그 동안 그냥 지나쳤던 일들에서 의외의 사실을 깨달을 수도 있고, 고집스럽게 밀고 나가던 방법 외의 다른 길도 볼 수 있다.

지금까지 최고라고 생각했던 것이 제일 쓸모 없는 것이 되고, 또 반대로 쓰레기통에 던져두었던 것들이 중요한 것으로 둔갑하기도 한다.

바보가 되는 것은 시야를 넓히고, 편견을 없애주며, 상식의 틀을 깨뜨려 준다. 또 과감성을 더해 주고, 아이디어에 참신성을 덧붙여 주는 일이다.

발명의 보물찾기

거꾸로 달리는 자동차에 대한 아이디어를 처음 고안하였을 때 대부분의 사람들은 '바보' 같은 일이라고 몰아붙였다. 자동차는 당연히 앞으로 달리는 것이며, 뒤로 달리는 일은 필요 없는 어리석은 도전이라는 생각이었다.

상식적으로 생각해보면 정말 어처구니없는 발상이다. 만약 대로변에서 자동차가 뒤로 달린다면 금새 엉망진창이 될 것이 뻔하다. 차선은 뒤죽박죽이 되고, 여기저기 부딪혀 그야말로 아수라장이 될 것이다.

그러나 이런 바보같은 생각도 잘만 이용하면 무엇보다 값진 아이디어가 된다. 상식적으로 보면 뒤로 달리는 자동차는 아무짝에도 소용이 없지만, 놀이동산에서는 귀하게 대접받는 손님이다.

똑바로 앞을 보고 달리던 자동차가 갑자기 정신 없이 뒤로 후진하기 시작한다면…… 물론 자동차에 타고 있는 사람은 엄청난 스릴을 맛보게 될 것이다. 오히려 앞으로 달리기만 하는 자동차는 놀이동산에서는 인기를 얻을 수 없다.

바보스럽다고 생각한 아이디어가 이렇게 쓰임에 따라 멋진 발명으로 이어질 수 있는 것이다. 이것이 바로 바보스러움의 매력이다. 바보가 되기를 주저하지 말자. 보다 참신한, 보다 매력적인 아이디어들이 샘솟을 것이다.

제 1 부 발명가의 정신자세

발명의 답은 수없이 많다

간혹, 정답을 찾는 데 헛된 시간을 낭비하는 사람들을 볼 수 있다.

학창시절에 객관식 문제를 푸는 데 익숙해져 버린 때문인지, 하나의 질문에 하나의 대답만을 고집하는 어리석은 실수를 되풀이하고는 한다.

한 가지 대답을 하면 그것으로 끝이라고 생각해 버리는 것이다. 이런 사고방식으로는 창의력은 고사하고, 문제의 해결책을 찾는 것도 어렵다.

하나 더하기 하나가 무엇이냐는 질문에 많은 사람들은 둘이라고 대답한다. 그러나 다시 한 번 생각해보면, 둘이 아닐 수도 있다.

커다란 진흙 덩어리 두 개를 합쳐보자. 처음엔 분명히 두 개였던 것이 커다란 한 덩어리로 변해 버린다. 이 경우 하나, 더하

발명의 보물찾기

기 하나는 둘이 아닌 하나이다.

모든 것은 이와 같다. 해답이 분명한 것 같은 일에도 반드시 다른 답이 있게 마련이다. 이 다른 면을 날카롭게 관찰하고, 다른 해답을 찾아내는 것이 바로 아이디어를 창출하는 사람의 몫이다.

유명한 콜럼버스의 달걀을 생각해보자. 달걀을 탁자 위에 세우라는 어려운 도전을 받았을 때, 콜럼버스는 주저않고 달걀 한 쪽 끝을 깨뜨려 탁자 위에 바로 세웠다. 그는 남이 발견하지 못한 또다른 답을 찾아냈던 것이다.

이 밖에도 얼마든지 다른 답을 찾을 수 있다. 탁자 위에 작은 모래더미를 만들고 그 위에 달걀을 세운다든가, 아예 책상에 둥근 홈을 파는 방법도 있을 것이다.

제 1 부 발명가의 정신자세

접착제로 붙여 버리거나 혹은 책상에 못을 박아 달걀을 끼워 버리는 것도 가능하다. 아니면 생명공학적으로 바닥이 평평한 달걀을 만들어 내는 방법을 고안할 수도 있다.

이 모든 것이 정답이 될 수 있다. 답은 수없이 많다.

다른 사람이 한 가지 답을 찾아내었다고 낙담할 필요는 없다. 그가 발견하지 못한 다른 답이 수없이 많기 때문이다.

만약 아이디어를 창출하는 과정에서 어려움에 부딪치게 된다면, 또 다른 방법은 없는가 주의깊게 살펴라. 반드시 다른 해답으로 가는 길이 있게 마련이다.

뻔히 결과가 보이는 일도 때로는 전혀 다른 방향으로 발전하기도 한다.

발명의 세계는 바로 이런 것이다. 자동차의 왕으로 군림하며 한 세기를 풍미한 포드. 그도 다른 방법, 다른 해답을 찾아내 성공한 사람 중의 하나이다.

그가 처음 엔진을 개발할 당시, 그보다 한 발 먼저 엔진을 개발한 이가 있었다. 포드의 엔진은 이 특허권에 걸려 힘을 발휘할 수 없게 되었다. 이 때 포드는 낙담하지 않고 다른 길을 찾았다.

그리고 결국은 특허권을 교묘히 피하면서 다른 엔진을 개발하는 데 성공했고 부와 명예를 거머쥐었다.

만약, 그가 정답에만 매달려 있었다면 어떤 결과가 겪었을까? 아마도 지금의 포드 자동차는 존재하지도 않았을 것이다.

발명의 보물찾기

제2부

발명가의 행동자세

모든 것을 더하거나 빼보자

　하나에다 하나를 더하면 무엇이 될까? 수학적으로 대답한다면 둘이 될 것이다. 그러면 반대로 하나에서 하나를 빼면 무엇이 될까? 역시 수학적으로는 영이라고 대답할 수 있다.

　그러면, 발명의 세계에서 이 두 문제의 답은 무엇일까? 역시 수학에서처럼 둘이나 영이 될까? 천만의 말씀. 발명의 세계에서 더하거나 빼는 것은 때로 값을 매길 수 없을 만큼의 가치를 갖는다. 더하거나 빼는 것만으로도 훌륭한 발명품이 탄생하기 때문이다.

　더하기의 발명은 무엇이 있을까?

　먼저 필립의 십자 드라이버를 예로 들 수 있다. 라디오 수리공이었던 필립이 일자 드라이버를 개량해 새로운 드라이버를 만든 것은 너무나 잘 알려진 일화. 그는 여기서 더하기의 기법으로 발명에 성공했다. 또 하이만의 지우개 달린 연필, 조셉의 가시철

조망도 더하기 기법을 응용한 발명이다.

이뿐 아니다.

바쁜 직장인을 위한 린스 겸용 샴푸, 비디오와 텔레비전을 결합한 비디오비전, 수첩에 사전기능을 더한 전자수첩, 볼펜과 샤프펜슬을 묶은 멀티펜, 파운데이션과 파우더의 기능을 합친 여성용 화장품인 투웨이케이크, 녹차와 현미의 구수함을 함께 느낄 수 있는 현미녹차, 승합차와 승용차의 기능을 합친 레저용 승용차 등 이루 셀 수 없을 정도이다.

얼마 전에는 볼펜 끝에 작은 전구를 달아 어두운 곳에서도 필기할 수 있는 아이디어 상품이 등장하여 인기를 끈 바 있다. 이 또한 더하기 기법을 응용한 상품이다.

빼기 기법을 응용한 아이디어도 셀 수 없을 만큼 많다.

가장 대표적인 것이 젊은이들의 필수품인 워크맨. 소니는 워크맨의 음질을 살리기 위해 과감하게 녹음기능을 없애버렸는데, 이것이 오히려 좋은 반응을 얻어 최고의 히트상품이 되었다. 또 기름기를 줄인 참치 통조림, 어깨끈을 없애버린 핸드백, 가릴 곳만 가린 과감한 비키니 수영복, 숫자판을 없애버린 손목시계, 알코올 함유량을 줄인 부드러운 소주, 설탕을 뺀 무가당 과일주스 등도 모두 빼기를 응용한 아이디어 상품들이다.

젊은 청년들의 마음을 설레게 하는 미니스커트도 빼기 상품의 좋은 예.

특히 요즘은 경제불황과 겹쳐 빼기 상품이 큰 인기를 끌고 있다. 복잡한 기능을 없애고, 단순한 기능에 값싼 상품을 선호하

발명의 보물찾기

는 경향이 커졌기 때문. 이런 경향에 힘입어 가전업체들은 앞다투어 단순기능 제품들을 내놓고 있다. 이 또한 빼기 기법을 응용한 것이라 할 수 있다.

그러나 무조건 빼고, 더한다고 해서 아이디어가 되는 것은 아니다. 만약, 빼야 할 기능을 더하고 추가해야 할 기능을 오히려 빼버린다고 한다면 어떻게 될까? 그야말로 엉망진창이 될 게 뻔하다. 가장 중요한 것은 빼거나 더함으로써 상품의 가치가 더 높아져야 한다는 것이다.

빼기기법을 응용할 때는, 상품의 모양이 나빠지거나 기능이 떨어지지 않는지 세심하게 고려해야 한다. 또 더하기 기법은 상

품에 군더더기는 없는지, 필요 이상으로 커지지는 않는지, 가격
이 지나치게 비싸지는 것은 아닌지 고려해야 한다.
　이 모든 조건에 유의하면, 더하기·빼기만으로도 훌륭한 아
이디어를 만들 수 있다.

발명의 보물찾기

크게, 더 크게 하라

이 세상엔 크기가 크다는 이유만으로 최고의 대접을 받는 것들이 있다.

에베레스트 산이 그렇고, 세계에서 제일 긴 강인 아마존이 그렇다. 탐험가들은 이들 산과 강을 무사히 정복한 것만으로도 최고의 영예라고 생각한다. 또 세계 최고 높이를 자랑하는 빌딩에는 관광객들의 발길이 끊이지 않는다. 높은 빌딩은 경제력과 기술을 뽐내는 수단이 되기도 한다.

수확철이 되면, 농부들은 가장 큰 농산물을 들고 나와 경진대회를 벌이기도 한다.

발명의 세계에서도 이와 마찬가지이다. 크기를 키우면 키울수록 좋은 것들이 있다. 이를 잘 파악해서 응용하는 것도 효과적인 아이디어 창출법 중의 하나이다.

커서 좋은 것은 무엇이 있을까? 가장 대표적인 것이 가전제품.

　　첨단 전자제품과 통신제품에서 소형화의 물결이 일고 있는
것에 반해, 가전제품 분야에서는 오히려 큰 것이 유행하고 있다.
사람 키보다 더 큰 냉장고가 빽빽히 들어차 있는 백화점의 가전
제품 코너에는 구매자들의 발길이 끊이지 않는다.

　　TV도 마찬가지. 화려한 쇼윈도를 장식하는 것은 대부분 30
인치가 넘는 대형 일색. 크면 클수록 좋은 상품, 잘 팔리는 상품
이라는 등식이 성립되는 분야이다.

　　이는 생활습관의 변화와 매우 깊은 연관이 있다. 맞벌이 부
부가 늘어남에 따라, 식품을 많이 오래 보관할 수 있는 대형 냉장
고의 필요성이 커진 것. 또 생활이 윤택해짐에 따라, 집에서도
극장과 같이 대형화면을 즐기려는 욕구가 강해지면서 TV의 대형
화를 불러왔다.

발명의 보물찾기

S 가전업체는 이같은 소비자의 욕구를 제때 파악해 대형상품을 속속 내놓음으로써, 경쟁사를 앞서 나갈 수 있었다.

또 주당들을 위해 용량을 30% 늘린 대용량 맥주캔이나, 애연가를 위한 슈퍼 사이즈 담배도 크기를 키운 아이디어 상품. 한창 식욕이 왕성한 청소년을 위해 용량을 늘린 라면도 등장해 인기를 끌었다.

보통보다 10배 정도 내용물이 많이 들어 있는 빅사이즈 과자도 등장했다. 어린이들이 많이 모여 있는 유치원이나, 행사장 등에서 인기만점이다. 워크맨, 무선호출기 등의 보급이 늘어남에 따라 자연히 건전지의 사용량도 많아졌다.

이에 발맞춰, 10개들이 건전지가 판매되어 소비자를 유혹하고 있다.

10년 동안 쓸 수 있는 기록장도 대형화를 이용한 아이디어 상품. 10년 동안 개인의 신상변화나, 사업체의 계획의 흐름 등을 한눈에 볼 수 있어 샐러리맨을 중심으로 판매량이 늘어나고 있다고 한다. 이 밖에 영화광을 위한 대형 영화 포스터, 부유층을 겨냥한 대형 승용차, 키를 커보이게 하는 키높이 신발, 잡다한 지식을 한데 모은 백과사전 등이 모두 크기를 키워 성공한 상품들이다.

그러나 무조건 크기를 키운다고 해서 모두 히트상품이 되는 것은 아니다. 무엇보다 적절한 대상을 찾는 것이 중요하다. 앞서 말한 대형 가전제품이 인기를 끌 수 있었던 것은 시대적 상황에 딱 맞아 떨어졌기 때문이다. 또 대형포장 제품들이 잘 팔려나간

것도, 구매대상의 특징을 제대로 파악한 결과이다. 먼저 대상의
특징을 잘 파악하고, 시장의 특성을 올바로 분석해야만 성공의
가능성이 높아지는 것이다.

크기를 키울 수 있는 대상을 찾아보자. 충분한 검토만 거친
다면 얼마든지 좋은 아이디어로 거듭날 수 있다.

발명의 보물찾기

작게, 더 작게 하라

요즘 TV에서 쉽게 찾아볼 수 없는 것 중의 하나가 바로 커다란 마이크이다. 몇 년 전만 해도, 특별한 경우를 제외하고는 커다란 몽둥이만한 마이크가 어느 방송에나 따라 붙었었다. 진행자들은 종종 마이크를 떨어뜨리는 사고를 내기도 했고, 어느 프로에서는 출연자가 마이크에 감전되어 갑자기 쓰러지는 불상사가 생기기도 했다. 그러나 지금은 쉽게 알아볼 수 없을 정도로 작은 마이크가 그 일을 담당하고 있다. 출연자의 옷깃에 살짝 붙어 있는 손톱 크기의 기기가 이전의 커다란 마이크보다 더욱 예민하게 소리를 증폭하고, 뛰어난 성능을 발휘한다.

물론, 이전에 큰 마이크처럼 떨어뜨리거나 하는 염려도 없고, 보기에도 훨씬 자연스러워졌다. 첨단기술의 발전으로 부품의 소형화가 가능해진 데에 따른 성과이다.

첨단기술을 이용한 소형화는 이제, 우리 생활 깊숙한 곳까지

파고들고 있다. 사람의 위를 촬영하는 내시경이나 현금 인출기 등에 설치되었다는 무인 감시 카메라는 그 크기가 너무 작아, 쉽게 알아볼 수 없을 정도이다.

또 기존 플로피 디스켓의 몇십 배에 달하는 정보를 한 장에 담아내는 CD의 등장도 새로운 문화 창출에 한몫 하고 있다. 액정화면 기술의 발전은 TV 소형화의 걸림돌이라고 지적되던 브라운관 문제를 해결함으로써 보다 작고 가벼운 TV를 실현시켰다.

얼마전 외국의 한 가전업체는 손목시계처럼 휴대할 수 있는 컬러 TV의 시제품을 만들어냈다고 발표하기도 했다.

반도체 기술의 비약적인 발전으로 손바닥만한 컴퓨터가 등

발명의 보물찾기

장했는가 하면, 작은 카드 한 장으로 개인의 모든 정보를 담을 수 있는 전자주민카드가 선보일 예정이다.

또 첨단 과학현장에서는 인체의 혈관을 자유자재로 다니며 치료할 수 있는 마이크로 로봇에 대한 연구가 한창이어서 조만간 실용화될 수 있을 것으로 바라보고 있다.

이처럼, 과학의 급속한 발전은 소형화로 치닫고 있다. 얼마만큼 기술을 집약시키느냐, 얼마나 작은 상품을 만들어내느냐가 바로 성공의 잣대가 되고 있는 것이다.

소니사를 일본 제일, 아니 세계에서 손꼽는 일류 회사로 만든것도 다름 아닌 기술집약형 소형화였다. 소니는 기자들 전용으로 쓰이던 녹음기의 음질을 개량할 목적으로 기술개발을 추진하다가 고급 전축에 못지않은 녹음 재생능력을 가진 부품을 개발했고, 이를 워크맨이라는 독특한 상품으로 연결했다.

작은 전축 워크맨은 당시 개발팀의 기대를 뛰어넘는 대성공을 거두었고, 소니는 이를 바탕으로 세계 제일의 가전사로 발돋움을 할 수 있었다.

기술개발과 소형화. 어려운 경제위기에서 우리 기업이 해야할 일이 무엇인가를 정확히 알려주는 말이다.

줄일 수만 있으면 최대한 줄여라

‘와이셔츠 주머니 속에 쏘옥 들어가는 컴팩트형 사이즈’

요즈음 심심찮게 들리는 광고카피 중의 하나다. 한 스푼으로 해결하는 초강력 세제에, 핸드백 안에 가뿐히 들어가는 자동카메라. 담뱃갑하고 비교해도 결코 크지 않은 핸드폰. 마치 작은 왕국을 건설하려는 듯 여기 저기서 소형화된 상품들이 쏟아져 나오고 있다.

무엇이 상품의 크기를 이처럼 작고 가볍게 만드는 것일까? 여러 가지 요인이 있겠지만, 가장 중요한 것은 빠르게 변하는 현대사회의 특징 때문일 것이다.

쉴새없이 어딘가로 전화를 하고 하루종일 여기저기 돌아다니는 사람한테, 커다란 구식 유선전화기를 쓰라고 한다면 그야말로 갓 쓰고 스케이드 보드 타는 격이 아닐 수 없다.

언제 어디서나 정보를 교환해야 하는 이들에게 휴대하기 간

편하고, 가벼운 통신기기야말로 매력적인 상품이 아닐 수 없다. 이와 함께 소형화의 매력은 여기저기서 찾아볼 수 있다.

소위 사이버 시대에 사는 젊은이들에게 컴퓨터는 필수품. 컴 맹이라는 말에 이어 넷맹이라는 신조어가 생기고 대화도 PC통신식으로 하는 이들에게 컴퓨터는 숟가락만큼이나 친숙하고 중요한 도구이다. 이런 형편이니, 언제 어디서나 모니터를 들여다볼 수 있는, 성능 좋고 가벼운 노트북 PC에 대한 열망은 거의 종교에 가까울 정도이다.

이뿐 아니다. 언제든 오락을 즐기기 위해 손바닥보다 작은 오락기를 늘 주머니에 넣고 다니고, 귀에는 전축의 축소판인 워크맨을 꽂고 다닌다. 여성들을 위한 작은 사이즈의 캔 맥주나,

제 2 부 발명가의 행동자세

얇고 개수를 줄인 담배도 훌륭한 소형화 상품이다. 물론 무조건 크기를 줄인다고 해서 능사는 아니다. 때로는 오히려 커다란 상품이 더 인기가 있을 수도 있다. 문제는 무엇을 줄이느냐이다.

앞서 이야기한 것처럼, 사회의 유행이나 시대적 흐름을 제대로 포착하고, 이에 적절히 대응한다면 크기를 줄이는 것만큼, 놀라운 효과를 가져오는 것도 드물다.

세계적인 베스트 셀러 중의 하나인 리더스 다이제스트도 바로 이런 세심한 배려에서부터 비롯되었다. 리더스 다이제스트의 창안자 워레스는 전쟁 중에 입은 부상으로 오랜 시간 동안 병원 신세를 져야 했다.

이 기간 동안 그에게 위로를 주는 유일한 친구는 책. 그러나 많은 책들은 길고 지루해서, 고통과 싸우는 그에게 부담스러운 것이 대부분이었다.

이 때 그가 착안한 것이 부담 없이 읽을 수 있는 작은 책. '머리가 복잡하고 지친 이들을 위로할 가벼운 책이 꼭 필요할 거야.' 그의 생각은 적중했다.

오랜 전쟁으로 지쳐 있던 많은 사람들은 짧지만 따사로운 이야기를 담은 이 작은 책에 주목하게 되었고, 그 책은 오랫동안 세계에서 가장 많이 팔리는 책 중의 하나가 되었다.

발명의 보물찾기

발명품의 다른 용도를 찾아보라

서울 인사동의 한 전통 찻집. 인테리어부터 작은 소품에 이르기까지 고향의 모습을 그대로 옮겨다 놓은 듯 정겨워 나이 지긋한 손님으로 언제나 북적인다. 또 요즘엔 색다른 것을 찾는 젊은이들의 발길도 잦다고 한다.

이 집을 들어서면, 가장 먼저 반기는 것이 벽에 주렁주렁 걸린 농기구들. 호미며 낫, 도리깨 등 낯설지 않은 물건들이 제각기 자태를 뽐내고 있다.

헛간의 구석진 곳에서 먼지나 뒤집어 쓸 법한 물건들이 도심 한복판에서 값비싼 장식용품으로 되살아난 것이다.

이뿐 아니다. 사기 요강이나, 떡시루, 커다란 멍석까지 옛 물건들이 보물이라도 되는 듯 유리장의 한 자리를 당당히 차지하고 있다.

이 물건들을 바라보는 이들의 시선도 색다르다. 옛 추억을 되짚어 보듯, 손으로 만져보기도 하고, 팔라고 주인장을 조르기도 한다.

시대의 유물로 사라질 뻔한 고물들이 새로운 용도로 다시 태어난 것이다.

이처럼, 사물은 용도를 바꾸는 것만으로도 전혀 다른 모습으로 탈바꿈하는데, 이를 적절히 응용하는 것도 아이디어 창출의 훌륭한 기법이다.

국내의 한 식품 제조업체가 몇 년 전 내놓은 다이어트 식품은 용도를 바꾼 아이디어의 좋은 예. 그 업체가 내놓은 상품은 곤약을 국수의 형태로 만들어 간편하게 먹을 수 있도록 한 것인데, 당시 다이어트 열풍을 타고 젊은 여성들 사이에서 선풍적인 인기를 끌었다.

사실 이 제품은 그다지 색다른 것이 아니었다. 곤약은 일본식 어묵 요리에 곁들여지는 재료인데, 값이 싸서 이윤이 별로 남지 않는데다가 찾는 이도 그다지 많지 않아, 업체로서는 꽤 곤란한 상품 중의 하나였다. 생산을 중단하자니 일부 소비자를 완전히 외면하는 꼴이어서 그럴 수 없고, 계속 생산을 하자니 이윤이 너무 적어 골치덩어리였던 것이다.

이 문제를 멋지게 해결한 것이 바로, 용도를 바꾸는 방법이었다. 업체의 개발팀은 곤약의 특성을 신중히 분석한 결과, 부피에 비해 칼로리가 아주 적다는 사실에 착안, 이를 바탕으로 새로운 상품의 아이디어를 낸 것이다. 결과는 이미 언급했듯, 대성공이었다.

골치덩어리로 취급받던 곤약이 하루 아침에 신데렐라로 변신한 것이다.

이뿐 아니다.

유행이 지난 훌라우프를 비닐 하우스의 지지대로 사용한 경우나, 종이를 이용한 일회용 식기, 속옷 등도 모두 용도를 바꿔 탄생한 아이디어 상품이다.

종이의 원래 용도는 글씨를 쓰고 인쇄를 하기 위한 것이지만, 여기에 특수처리를 하면 물과 음식을 담을 수도 있고, 또 여행지에서 간편한 속옷으로 사용할 수도 있는 것이다.

이 경우 보통의 종이보다 훨씬 비싼 가격에 팔 수 있으니, 새로운 상품을 만들어낸 것 이상의 효과를 거둘 수 있다.

용도를 바꾸는 것은 간단하면서도 높은 효과를 볼 수 있는 아이디어 창출법. 조금만 생각을 바꾸면 누구든지 도전해 볼 수 있는 분야이다.

또 용도를 바꿀 것이 없을까? 창고에 쌓아둔 신문더미나, 오래된 잡동사니들을 들추어 다시 한 번 생각해보자. 지금껏 발견하지 못하였던 새로운 용도가 보일지도 모를 일이다.

발명의 보물찾기

물건의 재료를 바꾸어 보라

　　K대학 앞의 L분식은 장안에 소문이 파다한 라면집. K대학 학생들은 물론이고, 멀리서 이 집 라면을 맛보기 위해 일부러 원정을 오기도 한다. 잡지에도 여러 번 소개되어, 일본 관광객들도 한번씩은 들러 보는 명물이 되어 버렸다.

　　이 집의 비결은 뭐니뭐니해도 선택의 폭이 넓다는 것. 메뉴는 단 한 가지 라면뿐이지만, 달걀, 닭고기, 야채 등등 재료를 달리해서 수많은 라면을 만들어낸다.

　　고추장을 듬뿍 넣은 빨개라면에 콩나물을 넣은 해장라면까지, 라면 종류만 해도 수십 가지에 달한다.

　　항상 발 디딜 틈 없이 북적대는 이 집의 매상은 웬만한 기업의 사장 월급보다 낫다고 한다.

　　이 라면집의 성공 비결은 무엇일까? 뭐니뭐니해도 여러 가지 재료로 색다른 라면을 만들어낸 독특한 아이디어 덕분일 것이다.

　　공장에서 만들어낸, 천편일률적인 맛의 라면에 색다른 재료들을 더해서 고급요리처럼 바꾸어 놓은 아이디어가 바로 성공의 비결인 것이다.

　　이처럼, 재료를 바꾸는 아이디어는 때로 값진 결과를 낳기도 한다. 실제로 역사를 빛낸 많은 발명품이 재료를 바꾸는 아이디어로 탄생했다.

　　현대문명의 위대한 발명품 중의 하나로 손꼽히는 플라스틱도, 값비싼 상아 당구공을 대신할 값싼 재료를 찾다가 만들어진 것이다.

　　19세기만 하더라도 당구는 일부 귀족들만이 즐기는 사치스러운 게임이었다. 당구공이 값비싼 상아로 만들어져 서민들은 구경도 할 수 없었기 때문이다. 게다가 상아를 구하는 것도 점점 어려워져 갔다.

발명의 보물찾기

상아를 구하는 것이 어려워지자 당장 타격을 입는 것은 당구공을 만드는 업체였다. 당구공의 값이 비싸, 사는 사람이 많지 않은데다 상아를 구하기 힘들어지니 문을 닫는 업체까지 생길 지경이었다.

견디다 못한 당구공 제조업체들이 한데 모여 위기를 극복하고, 당구를 대중화하기 위한 묘책을 찾기 시작했다. 오랜 논의 끝에 나온 해결책은 값비싼 상아를 대신할 재료를 찾는 것.

의견을 모은 업체들은 막대한 현상금을 걸고 당구공의 새로운 재료를 찾기 시작했다. 재료의 조건은 단단하고 가공하기 쉬우며, 표면이 매끄러워야 한다는 것. 막대한 현상금을 노린 지원자들이 구름처럼 몰려들어 새로운 자료를 찾는 데 골몰했다. 여기서 지금의 플라스틱을 만드는 아이디어가 나오게 되었다.

또 우리 식탁을 더욱 풍성하게 하는 마가린도 재료를 바꾸는 아이디어에서 탄생된 것이다.

나폴레옹이 프랑스를 통치하며 유럽 전체로 영토 확장의 꿈을 키우던 시절, 잦은 전쟁으로 인해 국민의 생활은 피폐 해지고 있었다. 특히 영양결핍으로 인해 사망자가 수도 없이 늘어가고, 군대의 사기도 떨어졌다.

나폴레옹은 이 문제를 해결하기 위해 버터의 대용품을 만들도록 지시했다. 버터는 영양가 높은 음식이나 우유를 재료로 하기 때문에 비싸서 전쟁통에는 구하기 힘들었던 것. 나폴레옹은 값싼 재료를 이용해서 버터와 비슷한 것을 만들어낸다면, 문제를 해결할 수 있을 것으로 기대했던 것이다.

연구 끝에 식물성 기름에서 버터와 비슷한 맛과 영양가를 가진 새로운 물질을 개발해냈고, 나폴레옹의 군대는 여기서 힘을 얻을 수 있었다.

이것이 바로 마가린의 탄생인 것이다.

이처럼, 수많은 발명품이 재료를 바꿈으로써 새로운 모습으로 다시 태어나 많은 사랑을 받았다.

발명의 보물찾기

기존 원리를 다른 물건에 이용해 보라

전혀 새로운 혁명적인 것을 개발하거나 발명하는 것만큼 발명가에게 영예로운 일은 없을 것이다.

아무도 발견하지 못한 신물질을 합성해 내거나, 전혀 새로운 추출법을 고안해 내는 것 등 발명가라면 한번쯤 꿈을 꾸어봤을 법한 일이다.

그러나 아무도 가지 않는 길이 험한 것은 당연한 일. 무작정 전혀 새로운 것만을 추구하는 것만큼 어리석고, 무모한 것도 없다.

발명의 세계에서 가장 기본적이면서 가장 중요한 이론 중의 하나가 '원래 있는 것을 이용하라'이다.

원래 있는 것을 이용하라고 하면 많은 초심 발명가들은 고개를 절레절레 흔든다. 모방은 싫다는 이유다. 하지만, 좀더 찬찬히 깊이 생각해보면 원래 존재하는 것을 이용하는 것이 얼마나 우리 생활을 윤택하게 했으며 발명사에 큰 영향을 끼쳤는지 알게

될 것이다.

크고 부드러운 빵을 만들기 위해서는 이스트나 베이킹 파우더라는 독특한 첨가물을 넣는다. 이는 이스트나 베이킹 파우더가 만들어내는 공기층이 밀가루 반죽 사이에 미세한 구멍을 만들어 부드러움을 더하기 때문이다.

이 방법은 서양에서 빵을 먹기 시작한 이래 누구나 당연하게 생각해온 원리이다.

이 원리를 다른 곳에 이용한 사람은 굿이어. 공업용 발명가인 굿이어는 빵을 부풀리는 원리를 보고, 고무에 이용하여 보다 탄력있는 고무제품을 만들어냈다.

기존에 있던 원리를 그대로 이용한 것이지만, 전혀 다른 발명품이 탄생한 것이다.

　여기에서 그치지 않는다. 빵을 부풀리는 방법은 다른 형태로 많은 발명품의 기본원리가 되었다. 독일의 한 비닐 제조업자는 합성수지를 만드는 과정에 공기를 주입하는 방법을 사용하여, 모르트프렌이라는 새로운 재질을 만들어냈다.

　모르트프렌은 화장을 지우거나 바를 때 사용하는 부드러운 스펀지.

　또 비눗물에 공기를 불어 넣어 물위에 뜨는 비누 아이보리가 탄생했다. 아이들이 즐겨먹는 부드러운 소프트 아이스크림도 이 공기 주입법으로 탄생한 아이디어 상품. 또 다른 발명 가는 가스를 주입한 콘크리트를 발명하여 대히트하기도 했다. 가스를 불어 넣은 콘크리트는 가볍고 강할 뿐 아니라 단열과 방음 효과가 뛰어나 방송국이나 지하철에 필수적으로 사용되고 있다.

　이 밖에도 유리에 공기를 넣은 기포유리, 헤어 정발용 무스 등 이루 헤아릴 수 없을 만큼 많은 제품들이 이 원리를 응용하고 있다.

　이처럼, 기존 원리를 이용하는 것은 보다 풍요롭고 화려한 결과를 가져올 수 있다.

모방을 통해 발명에 도전하라

모방이라고 하면 일단 고개를 흔들고 거부반응을 보이는 사람들이 있는데, 이는 너무 경직된 사고방식이다. 사실 모방은 창조로 가기 위한 가장 첫단계이자, 아이디어 창출의 지름길이기 때문이다.

발명왕으로 유명한 에디슨조차도 발명가를 지망하는 사람들에게 "다른 사람의 아이디어를 찾는 습관을 들이라"고 조언하고 있다.

그만큼 모방은 아이디어 창조의 가장 효과적인 방법이자, 반드시 거쳐야 할 학습단계인 것이다. 사실, 인간이 독특한 문명을 이룰 수 있었던 것도 모방을 통한 학습 덕분이라고 한다.

물론 지나친 모방은 오히려 아이디어 창출에 방해가 된다. 자기의 생각을 전혀 반영하지 않고, 남의 것을 그대로 베끼는 것은 흉내내기에 불과하다. 진정한 모방은 창조를 위한 것이어야 한다.

다른 사람의 아이디어를 빌리면 어떤 효과를 얻을 수 있을까?

먼저, 아이디어 창출단계 중 하나를 생략해도 되므로 빠르게 아이디어를 얻을 수 있다는 장점이 있다. 또 성공한 아이디어를 바탕으로 할 경우 성공의 가능성도 그만큼 높아진다.

실제로 기존의 아이디어를 빌려 새로운 아이디어를 만든 경우도 헤아릴 수 없을 정도로 많다.

너무나 유명한 오모의 커터칼은 우표의 자름선에서 힌트를 얻었다. 깎지 않는 연필을 발명한 홍려는 손으로 눌러 짜는 치약에서 아이디어를 빌려왔다. 가운데 주름이 잡혀 자유자재로 구부릴 수 있는 빨대도 고무호스의 주름 모양에서 힌트를 얻어 발명할 수 있었다. 모두 기존의 아이디어를 이용하여 새로운 발명품을 만들어낸 것이다.

모방은 신상품 개발에도 종종 응용되어 큰 효과를 거두고 있다. 최근 등장한 손발톱 전용 무좀약의 경우, 매니큐어 용기에서 아이디어를 빌려 썼다. 손발톱의 무좀은 기존의 크림약을 사용할 경우, 잘 발라지지 않는데다 약효도 떨어진다.

한 제약업체가 이 점에 착안해, 무좀약을 매니큐어 용기에 넣어 손발톱 전용 약품으로 시중에 내놓았다. 이 제품은 바르기 쉬운데다가, 기존의 약품과 차별화되어 좋은 반응을 얻고 있다고 한다.

또 광고전략에서도 종종 기존의 아이디어를 빌려 쓰기도 한다.

전통주를 생산하는 일본의 한 주류업체는 양주 광고기법을 빌려써 젊은이를 소비자로 확보할 수 있었다고 한다. 새로운 것, 서구식에 길들여 있는 젊은층을 파고들기 위해, 용기와 광고문구 등을 양주처럼 바꾸어버린 것이다. 이 전략은 그대로 적중해서, 이 주류업체는 판매량이 크게 뛰어오르는 효과를 보았다고 한다.

적극적인 자세로 다른 사람의 아이디어를 유심히 살펴보자. 그 아이디어에서 배울 것은 없는지, 빌려올 것은 없는지, 다르게 만들 수는 없는지, 살피고 또 분석하자.

창조를 위한 모방을 훌륭히 해낼 때, 발명의 세계에 한 걸음 더 다가갈 수 있다. 배울 것은 배우고, 이용할 것은 이용해라. 이것이 발명이라는 정글에서 살아남는 법이다.

한 가지로 두 배의 효과를 노려라

"누이 좋고 매부 좋고"

"꿩 먹고 알 먹고"

"도랑 치고 가재 잡고"……

한 번의 노력으로 두 가지 이익을 한꺼번에 볼 수 있다면 그 보다 기분 좋은 일은 없다.

미국에서 빈번히 활용되고 있는 세일방법 중의 하나인 'buy one get one'. 하나를 사면 하나를 덤으로 주는 것으로, 우리식 으로 하면 이른바 50% 세일인 셈이다. 그런데 판촉효과는 50% 세일보다 훨씬 높다.

소비자로 하여금, 하나를 공짜로 가진다는 만족감을 갖게 할 뿐 아니라 판매회사는 50% 세일 때보다 두 배의 판매실적을 올 릴 수 있기 때문이다.

공짜와 예기치 않은 이익을 좋아하는 인간의 심리를 적절히

이용한 마케팅 전략이라고 할 수 있다.

한 가지로 두 배의 효과를 노리는 방법은 아이디어 창출에도 훌륭하게 적용할 수 있고 그만큼 성공의 가능성이 높다. 팩시밀리 겸용 전화기, 건조기 겸용 세탁기, 수첩에 지갑기능까지 더한 다이어리, 놀이와 교육 효과를 동시에 노릴 수 있는 교육용 장남감 등 '두 배의 효과'를 노린 상품들이 무궁무진하다.

어린이 장난감의 대명사로 불리는 '레고'. 아주 간단한 블록 장난감에 지나지 않지만, 그 명성은 전세계적으로 자자하다. 고사리 손의 아이들은 물론이고 흰머리 지긋한 어른들도 레고 마니아를 자처하기도 한다.

이는 놀이와 교육을 겸하는 레고의 독특한 전략 덕분이다.

발명의 보물찾기

작은 블록 조각으로 집을 짓듯 모양을 만들어내는 레고는 그것을 만드는 사람의 창의력에 따라, 수만 가지 물건으로 변신할 수 있다. 작은 강아지가 되는가 하면, 미래의 어느 별에 세워질 거대한 도시도 만들 수 있다. 상상력을 맘껏 발휘할 수 있는 매력적인 공간이다.

레고는 이를 판매전략으로 연결했다. '놀면서 공부하는 장난감'이라는 광고를 대대적으로 하고, 작은 블록으로 거대한 조립 모형을 만들어 전시했다. 결과는 놀라울 정도였다.

놀이와 학습 효과를 한번에 얻을 수 있다는 설명은 많은 학부모들의 마음을 사로잡았고, 장난감 가게에는 레고를 사기 위한 사람들로 장사진을 이뤘다.

레고의 성공에 힘입어 다른 장난감 업체들도 블록 장난감으로 덩달아 톡톡한 재미를 볼 정도였다.

또 등산이나 여행을 갈 때 가져가는 작은 침낭을 예쁜 주머니에 넣어 자동차의 쿠션으로 활용할 수 있도록 하는 아이디어 상품, CD도 음악을 듣지 않을 때는 장식용 벽걸이로 사용할 수 있도록 아기자기한 그림을 그려 넣은 것도 있다.

휴대폰을 장식하는 액세서리에는 전자파 차단기능을 집어넣어 사람들을 유혹하기도 하고, 라디오와 시계의 기능을 모은 제품도 있다. 모두 일석이조를 노린 제품들인 것이다.

현실성 없는 발명은 시작조차 하지 마라

발명의 세계에 처음 입문하는 초보자들이 쉽게 저지르는 실수 중의 하나가 실현 불가능한 것을 목표로 하는 것이다. 초보자들은 상상력과 도전정신이 발명의 원동력이라는 믿음에 너무 집착한 나머지, 준비 없이 거대한 목표를 설정하고 무작정 뛰어든다. 이 때문에 초보 발명가들은 발명의 세계에 들어가기도 전에 많은 것을 잃고 좌절하며 실패의 쓴맛을 보게 된다.

특히 현실을 외면한 꿈과 같은 목표는 오히려 사람을 멍들게만 한다. 화려하고 아름답지만 먹을 수 없는 독버섯처럼, 몇 가지 분야는 결실을 볼 수 없는 허황된 꿈에 불과하다. 그 중 대표적인 것이 연금술과 불로장생약, 무동력 영구기관 등이다.

이들은 겉보기에는 정말 꿈같은 일들이다. 연금술로 녹슨 쇳덩이를 반짝이는 금으로 만든다면…… 약 한 알로 사람이 늙지 않고 영원히 살 수 있다면…… 또 전기나 석유, 가스 등이 전혀

발명의 보물찾기

필요 없이 영원히 움직이는 기계가 있다면…….

만약 이런 것들을 만들 수만 있다면, 세상은 지금과 전혀 다른 모습이 될지도 모른다. 모두 금으로 만든 자동차를 타고 거리를 활보하고, 사람들은 더 이상 결혼하지도, 아이를 낳지 않게 될지도 모른다.

하지만 동서고금을 막론하고 이 꿈같은 이야기를 실현시켰다는, 아니 그 근처에라도 갔다는 기록은 단 한 줄도 없다. 오히려, 이 허황된 일에 매달려 일생을 허비하고 비참한 생을 살았다는 이야기는 수도 없이 전해진다. 세상 최고의 권력을 가졌던 진시황제 또한 결국은 불로장생의 꿈을 이루지 못하고 한 줌의 흙으로 돌아가지 않았던가?

때문에 세계 발명계는 이들 세 가지를 '발명의 3대 불가능 분야'로 기록하고 있다. 아직은 현실적으로 불가능한 꿈이라는 이야기이다. 언젠가는 이루어질 것이라고 보는 사람도 있지만, 어쩌면 영원히 성공하지 못할지도 모른다.

그리고 성공한다 한들 무슨 의미가 있을까? 쇳덩이를 금으로 만든다고 해서, 인류의 발전에 어떤 이익을 가져올 수 있겠는가?

발명은 허황된 뜬 구름을 잡는 일이 아니다. 발명의 원동력은 '불편'이었다는 사실을 상기할 필요가 있다. 불편을 느끼고 이것을 극복하기 위해 인류는 부단히 노력했고, 지금의 문명을 이룩했다. 가장 실용적인 것, 그리고 가장 현실적인 것이 바로 발명인 것이다.

이를 증명하듯 역사적으로 성공한 발명가들은 거의 대부분 아주 작은 것들로부터 성공을 거두어냈다. 지우개를 단 연필이나, 가시를 덧붙인 철조망, 작은 구멍을 뚫어 습한 공기에도 녹지 않도록 만든 각설탕 포장, 날 대신 바퀴를 단 롤러스케이트, 칼날에 금을 그어 잘라 쓸 수 있도록 만든 커터칼, 여성을 해방시킨 종이 생리대 등 이루 헤아릴 수 없을 정도이다.

이 모두 너무나 평범하고, 동시에 너무 값진 발명들이다.

훌륭한 발명가는 하늘의 별을 따오려고 궁리하기보다, 자신의 책상 위에 얹힌 것들을 유심히 살피고 이를 보다 아름답게, 보다 값싸게, 보다 튼튼하게, 보다 편리하게 만드는 일이 더 중요하다는 것을 아는 이이다.

허황된 꿈을 좇으라. 실패로 가는 지름길이다.

발명의 보물찾기

제3부

주변에서 보물을 찾은 사람들

발명은 순간, 명예는 영원
― 하이만의 지우개 달린 연필 ―

없어진 지우개

발명은 1+1 = 1이 될 수도 있다는 사고에서 출발한다. 수학적 의미에서 '일 더하기 일은 이'지만 발명의 영역으로 들어온다면 '일 더하기 일은 일이다'라는 결론도 가능함을 우리는 기억해야 한다. 그것은 각각 다른 기능의 제품을 합치면 두 개의 제품이 아닌 두 기능을 가진 새로운 하나의 제품이 나오는 것과 같은 이치이기도 하다.

"아니…… 또 어디로 사라진 거야? 이놈의 지우개…… 망령난 개도 아니고…….”

스케치를 하던 20대 가량의 청년은 투덜거리며 주위를 둘러보았다. 그러나 아무리 눈 씻고 찾아보아도 방금 전까지 그가 사용한 지우개는 어디에도 없었다.

제 3 부 주변에서 보물을 찾은 사람들

　　지우개 찾는 일을 포기한 듯 청년은 멍하니 캔버스를 쳐다보았다. 방금 전 실수로 생긴 선이 선명하게 보였다.

　　"아무래도 안 되겠어. 이대로 그냥 그리기에는 이 선은 그림에 어울리지 않는다구. 늦었지만 지우개를 구해와야겠는걸……."

　　청년은 자리에서 일어나 코트를 걸치고는 밖으로 향했다. 밖은 아직도 찬 기운이 감돌았다. 거리의 주변 곳곳은 녹지 않은 눈이 쌓여 있어 밤길이 더욱 스산스럽게 느껴졌다. 그의 눈 앞으로 하얀 입김이 길게 뿜어졌다.

　　"탕…… 아저씨! 룸아저씨!"

　　허름한 화방의 앞에 선 청년은 거칠게 문을 두드렸다. 그러

발명의 보물찾기

나 굳게 닫힌 문은 청년의 마음을 초조하게 했다.

"삐이걱……."

그 때 녹슨 쇠문 소리가 거칠게 밤을 가르며 열렸고 빼꼼히
벌어진 문틈 사이로 머리가 희끗한 노인의 모습이 나타났다. 노
인은 아무 말 없이 손을 내밀었다. 노인의 손위에는 포장하지 않
은 지우개가 놓여 있었다.

"이것 때문에 왔지? 그렇지 않고서야 이 늦은 시간에 자네가
우리 가게 문을 두드릴 일이 없지…… 어때 이 번에도 지우개가
발이 달렸다고 할 건가?"

"아저씨…… 감사합니다."

지우개를 받아든 청년은 멋적은 듯 웃음을 짓고는 서둘러 발
길을 돌렸다.

마음 깊이 감사하며 집으로 향하는 이 청년이 바로 지우개
달린 연필을 고안해낸 하이먼이었다. 하이먼은 가난한 화가 지망
생이었다. 하이먼 역시 여느 화가들과 마찬가지로 하루하루 근근
히 생활하며 고단한 생활을 하고 있었다.

"꼬르륵…… 꼬륵……."

그림을 그리던 하이먼은 힘없이 붓을 내려 놓았다. 벌써 이
틀째 마른 빵조각도 구경하지 못한 탓에 그가 느끼는 허기의 무
게는 더욱 컸다.

"쳇…… 기분이 우울하고 비참해도 쉬지 않고 배시계는 울고
있군……."

하이먼은 허기와 함께 무겁게 가라앉은 자신의 기분을 회복

제 3 부 주변에서 보물을 찾은 사람들

시키려 했지만 어제의 일이 계속 머릿속에 맴돌아 좋아질 것 같지 않았다.

"이건 뭐야? 이게 그림이라는 건가? 여기는 일류화가의 그림이 아니면 걸 수 없어! 돈이라도 많이 기부한다면 가능할 수도 있지만……."

화랑주인의 날이 선 듯한 칼 같은 목소리가 쩌렁거리며 메아리쳤다. 하이먼은 현기증을 느꼈다. 그림을 그리는 일이 쉽지 않으리라 예상했지만 현실은 더욱 냉담하게 하이먼의 목을 죄어오고 있었다.

'그림을 포기할 수도 없고…… 그렇다고 언제까지 가난의 굴레 속에 살 수도 없고…….'

지우개를 연필에 매달아

"떼구르르…… 떼굴."

나무 바닥으로 무엇인가 떨어지는가 싶더니 이내 구르는 듯한 소리가 들렸다. 순간 하이먼의 몸은 반사적으로 움직여 소리 나는 바닥을 향했다. 그의 눈빛이 고정된 곳에는 거의 다 쓴 조각난 지우개가 있었다.

"또…… 이놈의 지우개를 매달든지 해야지…… 너무 불편해."

하이먼은 멀리 떨어져 있는 지우개를 보며 이맛살을 찌푸렸다. 사실 가난한 하이먼에게 지우개는 살갑지 않은 자식과도 같았다. 그림을 그리기 위해서는 꼭 필요했지만 여유 없는 생활비

발명의 보물찾기

를 쪼개 지우개를 사야 하기 때문에 곱지 않은 시선이 생기는 것도 사실이었다.

"어디 두고 보자!"

지우개를 집어올리던 하이먼이 중얼거렸다. 그리고는 실을 가지고 와서는 지우개를 연필의 끝에 고정시키고는 칭칭 동여매기 시작했다. 우스꽝스러운 모양의 연필이 눈에 들어왔다.

"자…… 이렇게 사용하면 좀 낫겠지. 지우개를 연필 끝에 묶어 두었으니 어디로 도망갈 일도 없을 테고……."

실제로 사용해보니 지우개와 연필을 따로 사용할 때보다 편했다. 무엇보다도 지우개가 사라질 염려가 없었다.

그러나 불편한 점도 있었다. 실로 매어놓은 지우개는 몇 번 사용하고 나니 실끝이 풀려 결국에는 바닥으로 떨어져 굴렀다.

"이래 가지고는 오래 사용하기는 어려울 것 같군. 다른 방법을 찾아봐야겠는 걸……."

연필머리에 지우개 고정

금방이라도 비가 내릴 것 같이 하늘은 우중충해 있었다. 검은 먹구름이 물을 흠뻑 집어 삼킨 솜뭉치처럼 부풀어 보였다. 하늘의 무거운 날씨는 하이먼의 기분과도 같았다.

실망으로 처진 어깨, 전쟁에서의 패배자처럼 고개를 숙인 하이먼은 화랑에서 퇴짜맞은 그림을 움켜쥐고는 걸음을 재촉했다.

'아무래도 그림 그리는 일은 포기해야 할 것 같아. 아무도 내

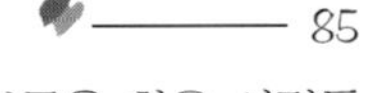

그림에는 관심을 갖지 않는다구.'

하이먼은 마음이 착잡함을 느끼자 모든 것이 허무하게 느껴졌다. 빠르게 거리를 스쳐가는 그의 걸음을 멈추게 한 것은 가구점이었다. 가구점 안은 분주하게 작업하는 사람들의 모습으로 가득했다.

'저 의자는 못없이 만드는 건가…… 못을 박지 않고 홈을 파서 끼워 맞추네…… 저래도 튼튼하다니…….'

그의 눈앞에 펼쳐진 광경은 한동안 하이먼의 걸음을 멈추게 만들었다. 그 모습을 물끄러미 지켜보던 하이먼의 얼굴에 옅은 미소가 떠올랐다. 멋진 아이디어가 생각난듯 하이먼은 발걸음을 재촉해 집으로 향했다.

발명의 보물찾기

집에 도착한 하이먼은 화구들을 집어던지고는 연필의 뒷부분을 열심히 깎아내기 시작했다. 그가 한동안 계속됐던 작업을 멈추자 연필의 끝부분에는 작은 구멍이 만들어져 있었다. 하이먼은 계속해서 지우개의 한쪽을 연필구멍의 크기로 둥그렇게 잘라냈다. 눈대중으로 엇비슷한 크기가 되자 하이먼은 지우개 깎는 일을 멈추었다.

평소 사물을 볼 때 크기나 형태, 위치 등을 세심하게 관찰하는 그의 화가적 기질 덕분에 연필과 지우개는 잘 맞았다.

하이만은 깎아낸 지우개를 홈을 낸 연필의 구멍에 맞추어 끼우고는 미리 준비해 두었던 얇은 철판을 연필과 지우개의 이음새에 둘러대었다. 그리고 철사로 얇은 철판을 둘러감으며 고정시키기 시작했다.

"됐다. 제법 모양도 그럴싸하고…… 튼튼하게도 보이고……."

사용해보니 실로 묶었을 때보다 튼튼하게 박혀 있었다. 또 더운 여름에 사용하더라도 땀이 많은 하이먼의 손에 묻은 땟자국들을 캔버스 위에 그리지 않아도 될 것 같았다.

자신이 고안해낸 지우개 달린 연필을 보던 하이만은 흐뭇한 미소를 지었다.

'이거라면 충분히 큰돈을 벌 수 있을지도 몰라. 어쩐지 흥분되는 걸…….'

지우개 달린 연필이 큰 행운을 가지고 올 거라는 생각에 하이먼은 날이 밝자 대학에 다니고 있는 친구 윌리엄을 찾아갔다.

하이먼의 지우개 달린 연필과 앞으로의 계획을 설명들은 윌

제 3 부 주변에서 보물을 찾은 사람들

리엄은 서둘러 특허신청을 할 것을 권유했다.

"하이먼 정말 굉장한 아이디어야. 이 녀석 매일 샌님처럼 구석방에 박혀 그림만 그리는 줄 알았더니 제법인데…… 이건 분명 성공한다구! 느낌이 좋아!"

윌리엄의 권유와 자신의 확신을 가지고 하이먼은 1875년 특허를 신청하고 독점권을 인정받았다. 그것은 하이먼의 인생에 있어서 대전환점이 되는 순간이었다. 그 후 사람들의 필기도구에서 빠지지 않는 지우개 달린 연필은 많은 사랑을 받으며 팔려 나갔다.

간단한 아이디어의 개발로 엄청난 돈을 벌어들이고 많은 사람들의 사랑을 받는다는 사실은 상상만으로도 흐뭇한 일이다. 재치 넘치는 아이디어는 우리의 인생의 모습을 백팔십도 변화시키는 마력의 힘을 지녔다. 그것은 번뜩이는 아이디어로 생긴 발명품일 때도 가능하지만 일 더하기 일은 일이라는 발명의 사고처럼 기존의 제품들의 기능을 하나로 합쳐 멋진 하모니를 낼 때도 두 말 할 것 없는 일이다.

발명의 보물찾기

빛을 발하는 신제품

― 나가모리전기의 전등부착 드라이버 ―

불편한 점을 개선하라

발명이라고 하면 흔히 복잡하고, 어려운 것으로 생각한다.

물론 고도의 전문지식이 없이는 만들어낼 수 없는 발명품도 있다. 그러나 대다수의 발명품들은 학문적인 지식과 큰 관계가 없이, 생활 속의 불편한 점들을 과감하게 개선하여 만들어진 것들이 많다.

즉, 알고 보면 쉬운 것이지만 남들이 아직 생각해 내지 못한 것들을 발명해야 개인이나, 기업이 발명으로 성공할 수 있다는 이야기다.

지금 소개하려는 것도 바로 그같은 사례의 하나에 해당된다.

제 3 부 주변에서 보물을 찾은 사람들

나가모리 전기회사

일본의 나가모리 전기회사.

"미치꼬, 이번 달에도 매상이 줄어들었나?"

"네, 사장님."

"이거 큰일이군."

나가모리 전기회사는 각종 드라이버를 생산하여 판매하는 조그만 회사였다.

회사 연구부에서 일하는 연구원의 수도 고작해야 3~4명.

그나마 그들조차 연구에만 몰두하지 못하고, 다른 업무도 겸해야 할 만큼 규모가 작은 회사였다.

이 회사는 날이 갈수록 매상이 줄어들어 새로운 상품의 연구를 계획해야 했다.

"뭔가 좀더 실용적이고, 새로운 상품을 개발해야 할 터인데. 무슨 좋은 수가 없을까?"

"글쎄요. 새로운 상품을 개발하는 것도 좋지만, 그보다 먼저 시장조사를 해 보는 것이 순서가 아닐까요?"

"그것도 좋은 생각이군. 그럼 먼저 시장조사를 철저히 하도록 하지."

"예! 우리 연구팀이 당장 실시하겠습니다."

얼마 후, 시장조사를 마친 연구팀은 시장조사 결과 아주 놀라운 사실을 발견했다.

"그래, 시장조사를 해 보니 어떻던가요?"

"드라이버는 기계 겉부분의 나사못을 빼거나, 박는 데 이용되는 것으로 알려져 있는데 실제로 드라이버를 주로 이용하는 사람들이 필요로 하는 드라이버는 기계의 구석진 부분의 나사못을 빼고 박을 수 있도록 설계된 것이었어요."

"기계의 좁고, 구석진 부분에 이용되는 드라이버라……."

시장조사 결과가 밝혀지자 연구팀은 무엇을 개발해야 할지 서로 말하지 않아도 연구의 방향을 잡을 수 있었다.

"좁고 구석진 곳에 이용하려면 우선 드라이버의 길이가 좀 길어야 하지 않을까요?"

"그럼, 어두운 곳에서는 어떻게 사용하는 것이 편리할지, 그것에 맞는 드라이버를 연구하면 되겠군요."

연구의 방향이 잡히자, 연구원들은 본격적인 개발에 착수했다. 그러나 쉽게 찾아낼 수 있으리라 기대했던 아이디어는 좀체 떠오르지 않았다.

"이것 큰일인데. 생각보다 어려워서 손을 댈 수가 없군."

"이러고 있는 사이, 혹 다른 회사에서 개발품을 만들어내면 어쩌지요?"

"글쎄, 빨리 무슨 좋은 생각들을 말해 봐요."

"이렇게 앉아서 초조해 할 것이 아니라, 현장에 가서 다시 한 번 자세히 살펴보고 연구하는 것이 어떨까요?"

"현장에? 그것 좋은 생각입니다. 그럼 즉시 가 보도록 합시다."

제 3 부 주변에서 보물을 찾은 사람들

구원의 불빛

현장에 가서 기술자들이 작업하는 것을 직접 보면, 무언가 실마리가 잡힐 것 같은 생각에 연구원들은 길을 재촉했다.

연구팀의 생각은 적중했다. 현장의 기술자들이 작업하는 모습에는 특별나게 다른 특징이 있었던 것은 아니었다. 그러나 어둡고, 구석진 곳의 나사를 손대기 위해 기술자들의 손에는 손전등이 들려 있었다.

"아니, 저게 뭐야? 손전등 아냐?"

"어두운 곳을 보려면 불빛이 있어야 하는 것이 당연하니까."

"그래, 손전등을 드라이버에 추가해 넣으면 되겠군."

"손전등에 드라이버라……."

손전등의 불빛이 연구원들에게는 마치 구원의 불빛처럼 여겨졌다.

힌트를 얻게 된 연구팀의 신제품 개발은 다시 진행되었다.

그들은 여러 모양의 새로운 드라이버를 단계적으로 만들어 보았다.

그러나 드라이버와 손전등을 합한 새로운 드라이버를 만든다는 것이 말처럼 그리 쉽게 이루어지는 것은 아니었다.

"드라이버의 기능은 그대로 살려두고 손전등의 효과만 더 하면 되는데, 이 또한 생각처럼 쉽지 않군."

"드라이버의 자루에, 전지와 꼬마전구를 넣으면 어떨까?"

발명의 보물찾기

제 3 부 주변에서 보물을 찾은 사람들

"그럼 한쪽은 드라이버, 한쪽은 전등은 되는데, 서로 돕지를 못하고 각각 따로 놀게 됩니다."

"게다가 부피도 만만치 않을 걸요."

"부피는 최하로 줄일 방법을 찾도록 하고, 문제는 반대편의 전등이 어떻게 드라이버 쪽을 비추게 하느냐 하는 것이 문제인데……."

"아이쿠, 머리야! 조금 쉬었다 하는 것이 좋겠어요."

그렇게 시간은 자꾸 흘렀다.

연구원들은 점점 초조해지기 시작했다.

그러던 어느 날이었다.

따뜻한 태양이 나가모리 회사의 창문을 통해 은근히 새어드는 오후, 한 연구원이 렌즈를 들여다 보고 있었다.

"지금 뭘 하세요?"

"보면 모르나? 나이를 먹으니 잔 글씨가 잘 안 보여서……."

햇빛을 받은 렌즈는 초점을 한 군데로 모으고 있었다.

"그거다. 바로 그거야!"

"나이 든 나를 놀릴 셈인가? 그거라니. 렌즈로 확대해서 글을 읽는 것이 어떻다고 떠드는 거야?"

"아, 그게 아니라구요. 전구에서 나온 빛을 한 곳으로 모으는 방법을 알았다고요."

"전구라고?"

"하참, 드라이버의 자루 끝을 렌즈형으로 하면, 전구에서 나온 빛이 드라이버 끝을 집중적으로 비추게 되지 않겠는가 하는 생각입니다요."

발명의 보물찾기

“오, 잊을 뻔 했군.”

“자, 빨리 실험을 해 봐요.”

연구와 실험의 결과는 성공적이었다.

드라이버 자루의 소재는 투명한 플라스틱으로 하고, 그 속에 전지와 꼬마전구를 넣은 다음, 자루의 끝을 렌즈형으로 하여 전구에서 나온 빛이 드라이버 끝을 집중적으로 비추게 한 것이다.

손전등의 부피는 제로화시키고, 효과는 살려 드라이버의 기능을 최고로 돕는 드라이버였다.

“히야, 효과 백 퍼센트, 기가 막히는 개발품이군.”

“정말 축하하네. 우리 어디 가서 자축이라도 해야겠어.”

“오, 예!”

드라이버는 특허품으로 손색이 없었다.

제 3 부 주변에서 보물을 찾은 사람들

나사못이 쓰이는 부분이 얼마나 많은지를 생각한다면, 이 드라이버의 발명이 얼마나 위대한 발명인가를 짐작할 수 있을 것이다.

새로 개발된 '전등을 부착한 드라이버'는 날개가 돋힌 듯이 팔려 나갔다.

"어두운 곳에서도 손전등이 필요 없이 나사못을 손볼 수 있으니 정말 편리한 드라이버야!"

일의 능률을 높이고자 하는 여러 회사에서 주문이 들어오기 시작했다.

"일본항공에서 드라이버를 주문했어요."

"스칸디나비아 항공사에서도……."

판아메리카 사를 비롯, 일본 방위청은 물론이고 항공사 등지에서 주문이 물밀듯 쏟아졌다.

일본 국내는 물론이고, 외국에서도 주문이 들어온 것이다.

매출액이 얼마나 되었는지 정확한 기록은 없다.

그러나 전등을 부착한 드라이버의 생산·판매를 시작한지 2년이 채 못되어 조그만 중소기업에 불과했던 '나가모리 전기회사'는 대기업의 대열에 끼어들게 되었다.

발명이 곧 황금알을 낳는 거위가 된 것이다.

발명의 보물찾기

여자친구와 새로운 병

─ 루드의 코카콜라 병 ─

아름다운 사랑

선에 대한 특별한 예술적 감각을 지니지 않은 사람이라도 여성의 신체의 선은 자연스러움과 완벽한 미를 갖춘 것이라고 이야기한다.

인류의 삶 속에서 아름다움의 극치라고 일컬어지는 여성의 신체곡선. 여성의 신체의 곡선을 아이디어로 어마어마한 돈을 번 사람이 있다면 믿을 수 있을까? 사실 여성의 신체를 이용해서 굉장한 돈을 벌어들인 사람의 이야기는 우스개 소리가 아니다. 코카콜라 병을 고안한 루드는 여성의 신체의 곡선덕에 일약 스타가 된 사람이다.

시각적인 편안함과 잡기 편하도록 고안한 잘룩한 부분. 거기다가 일반적인 음료수병에 비교해서 사이즈는 비슷해 보이지만

제 3 부 주변에서 보물을 찾은 사람들

실제적으로 양은 적게 들어가는 병의 디자인은 장사하는 사람이
라면 매력을 느끼기에 충분한 것이었다.

　"도대체 어떻게 된 거야! 약속시간을 한 시간이나 늦어서야
나타나다니…… 자기 이럴 수 있어?"

　거리를 오가던 사람들은 젊은 여자의 거치른 소리에 의아한
듯 쳐다보다가는 이내 키득거리며 자리를 피했다. 젊은 청춘 남
녀의 사랑싸움이 지나가는 행인들에게는 재미있는 광경으로 보이
기에 충분했다. 사람들의 시선을 의식한 청년 루드의 얼굴은 금
방 붉게 달아 오르더니 자신의 여자 친구의 입을 조심스럽게 막
기 시작했다.

　"주디…… 미안해. 이제 그만 하라구. 내가 잘못했어. 보라
구…… 사람들이 모두 우리를 쳐다보며 웃고 있잖아!"

　"당신은 사람들의 시선이 그렇게 중요한 거예요? 이게 몇 번
째냐구요! 그리고 오늘은 우리가 만난 지 1년이 되는 특별한 날
인데…… 당신 정말……."

　불평을 늘어놓던 주디의 눈에는 어느새 눈물이 고이고 있었다.

　"그게…… 내가 멋진 아이디어가 떠올라서…… 새 디자인의
병을 만들어 보다가 그만 깜빡……."

　"깜빡? 당신 절교예요! 이제 우리 사이는 끝이라구요! 다시
는 날 볼 생각 말아요!"

　루드의 여자친구인 주디는 울음을 훔쳐내며 큰길로 달려나
가 사람들 사이로 사라져버렸다. 루드는 미처 잡기도 전에 사람
들 사이에 묻혀버린 주디의 뒷모습을 보며 고개를 떨구었다.

발명의 보물찾기

'주디…… 사실 오늘 우리의 1년 된 만남을 위한 선물을 마련
하기 위해…… 세상에 단 하나밖에 없는 특별한 병을 만들어 선
물해 주려고 하다 늦은거라구.'

변명도 못하고 자신의 입가에서 맴도는 소리를 되씹으며 루
드는 오랫동안 자리를 떠나지 못했다.

코카콜라 병을 고안해 낸 루드는 젊은 시절 작은 유리 공장
에서 병을 만들어내는 수공기술자였다. 그리 넉넉하지 않은 월급
을 쪼개어 생활을 하는 루드에게 여자친구에의 선물비용이란 엄
두도 내지 못할 일이었다. 더구나 정식 기술자가 아닌 수습공원
인 탓에 그는 능숙한 기술을 가진 자신의 동료들의 급여의 반만
받고 있었다.

'아무래도 멋진 선물을 마련해야겠는 걸…… 주디가 굉장히
화가 났는 걸…… 어쩌지? 정말 다시는 만나주지 않으면…… 무
슨 선물을 해야 그녀의 마음이 눈 녹듯이 녹아 버릴까?'

루드는 살짝 주머니에 손을 넣어 보았다. 그의 거친 손끝에
잡힌 것은 몇 개의 동전뿐이었다.

'으…… 가난한 연인은 사랑을 고백할 수도 그 사랑을 확인하
기도 힘든 건가?'

최고 상금의 현상모집

5월은 붉은 장미의 계절처럼 정열적인 사랑을 하는 연인들의
계절이기도 했다. 거리마다 정겹게 웃으며 팔짱을 낀 여인들의

경쾌한 웃음소리와 발소리로 가득했다. 하지만 루드의 마음은 무겁기만 했다. 주디와 헤어진 지 벌써 열흘이 지났지만 주디는 여전히 냉담한 반응만 보이며 루드를 피했다.

"당신 보고 있으면 마음만 괴로워지니까 자꾸 날 찾아오지 말아요. 더 이상 당신을 보고싶지 않다구요!"

주디의 외침소리가 귓가에 맴돌자 루드는 먼지를 털듯 소리를 떨쳐내기 위해 고개를 저었다.

'이러다가는 영영 주디와 만날 수 없게 될 거야…… 그러면 난…… 아!'

복잡한 마음을 정리하려는 생각으로 집으로 걸음을 옮기던 루드는 갑자기 걸음을 멈추고는 시선을 돌렸다. 그의 시선이 머문 곳에는 사람들이 빽빽히 들어서 있었다.

"세상 오래 살다보니 별 미친 인간들이 다 있군!"

"우와 세상에나…… 상금이 무려 1천만 달러나 된다구요. 이 돈이면 얼마 전에 시내에서 본 타조털이 달린 고급 모자를 몇백 개는 사고도 남는 건데……."

"이 여편네는 아직도 타조털 달린 모자 타령이군…… 어디 타조털 모자뿐이겠어? 천만 달러면 이 조지아 시내에서 갑부 소리 들을 수 있는 돈이라구!"

"카하하하……."

두 노부부의 이야기에 벽주위를 에워싸고 있던 구경꾼들이 웃음을 터트렸다. 그러나 루드의 귀에는 어떤 소리도 지나가는 바람소리처럼 윙윙거릴 뿐이었다.

발명의 보물찾기

'코카콜라 병이라…… 최고 상금이 천만 달러라고 했지?'

천만 달러라는 돈은 루드가 병제조 공장에서 평생 일해도 손에 쥐기 힘든 어마어마한 돈이었다. 작은 월급으로 근근히 생활하며 기술을 익히는 루드에게는 매력있는 제안으로 다가왔다.

'저거다! 내 구세주라구. 와아…… 주디 기다리고 있어. 내가 곧 너에게 리어카 가득 장미를 실어 청혼하러 달려갈 테니…… 잠시만 기다리라구!'

루드의 눈이 반짝였다. 그는 그길로 공장으로 달려가 병 제조일에 몰두하기 시작했다.

주디 모습과 같은 병

"쨍그렁!"

날카로운 유리의 비명소리가 어두운 창고안을 가르며 새어 나왔다. 살짝 열린 문틈 사이로 보이는 것은 고개를 숙인 채 두 주먹을 부르르 떨고 있는 루드의 지친 모습이었다.

'이것도 아닌데…… 으…… 이제 어떻게 해야 하지? 벌써 일주일이 지나버렸는데…… 그런데 아직도 디자인도 없으니…….'

코카콜라에서 새로운 디자인을 공모하는 포스터를 본 후 줄곧 병 만드는 일에 매달려온 루드였지만 그의 속타는 마음은 아랑곳없이 시간은 흘러가고 있었다.

이제 최종 마감일은 이틀 뒤로 다가와 있었다. 그나마 이 새벽이 가고 나면 하루밖에 남지 않는 것이기에 루드의 초조함은 이루 말할 수 없었다.

"어쩌지? 이 병을 디자인해서 상금을 타면 멋진 반지와 장미를 사서 주디의 작은 손가락에 끼워주고 결혼신청을 하려고 했는데……."

"삐이걱…… 삐그덕……."

절망감으로 중얼거리던 루드는 순간 자신의 머리카락 끝을 스치고 지나가는 공포에 소름이 끼쳤다.

'이 시간에 누구지? 아무도 이 시간에는 여기에 올 사람이 없는데…… 고양이인가…….'

발명의 보물찾기

그 때 루드는 며칠 전의 사건을 떠올렸다. 한 젊은이가 숲에서 야영을 한 후 실성하여 떠들며 다닌 이야기가 생각났다.

"낄낄…… 그녀는 죽었어. 사랑하는 하인과의 사랑을 이루지 못한 한을 품고…… 복수하러 온다. 마을의 젊은 청년들이 이유 없이 피흘리며 죽게 된다구……."

'아! 혹시 설마…….'

그 때였다. 살짝 열린 문틈 사이로 검은 그림자가 서서히 문 안으로 미끄러지듯 들어오기 시작했다. 얼핏 보기에 분명 검은 그림자는 여인의 모습을 하고 있었다.

"으아아아!"

루드는 비명을 지르며 불이 꺼진 용광로의 뒷편으로 몸을 숨겼다. 그의 발버둥에 주위의 실험도구들이 나뒹굴었고 기구들의 떨어지는 소리에 작업장은 순간 아수라장이 되어버렸다.

"루드? 저…… 거기 루드예요?"

공포로 온몸을 떨고 있는 루드의 귓가에 낯익은 목소리가 들려왔다. 주디의 음성이었다.

"주디?"

"응. 나예요. 이리 나와요. 당신이 그러고 있으면 난……."

"아니 이 늦은 시간에 무슨 일이야. 위험하게……."

"당신이 너무 오래 연락이 없어서……."

주디 역시 루드만큼이나 그를 그리워하고 있음을 알 수 있었다. 문가에 서있는 주디의 모습은 그 어느 때보다도 아름다워 보였다. 그녀의 몸을 감싼 드레스는 천사로 보이기에 충분했다.

고카
콜라

"사과하고 싶어서…… 아무래도 그러지 않으면……."

얼굴을 붉히며 조심스럽게 이야기를 꺼내는 주디를 바라보던 루드는 순간 자신의 머리를 스치고 지나가는 한 줄기 빛에 외마디 비명을 질렀다.

"아! 바로 이거다. 이거라구! 주디 오 나의 사랑……."

그가 본 것은 허리부분은 잘룩하게 들어가고 히프와 가슴은 풍성하게 드러난 주디의 몸이었다. 몸에 달라붙은 이브닝 드레스는 거짓 없이 그녀의 몸을 보여주고 있었다.

주디의 몸에 붙는 드레스의 모양에서 아이디어를 얻은 루드는 서둘러 출품하기 위한 병을 만들기 시작했다.

손을 잡는 부분은 들어가고 위와 허리 아래부분은 완만한 곡선을 이루는 병의 모양이었다. 루드의 병은 곧 코카콜라회사의 관계자들을 유혹했다. 바로 코카콜라에서 원하는 병의 디자인이었다.

루드의 병은 곧 세계로 뻗어나갔고 사람들은 새로운 디자인의 병에 담긴 코카콜라에 매력을 느꼈다. 루드 자신도 믿기지 않는 일들이 일어나고 있었다. 코카콜라의 새로운 디자인의 용기는 선풍적인 인기를 끌며 전세계인의 사랑을 받았다.

루드는 여자친구 주디에게서 발견한 기회를 놓치지 않고 활용한 결과 돈과 사랑, 명예를 얻을 수 있었다.

일상에서 만난 평범한 기회를 거머쥔 순발력과 재치의 산물이었다.

제 3 부 주변에서 보물을 찾은 사람들

불편 개선이 안겨준 영광

― 필립의 십자 드라이버 ―

자신도 모른 발명

"필립! 어디 있는 거야! 이리 나오지 못해!"

창고의 한 부분을 개조해서 만든 듯한 공장 안은 기계들의 거친 소음과 공장 기술자들의 부산한 움직임으로 가득했다. 그 사이로 한 사나이의 화난 듯한 목소리가 울려 퍼졌다.

"사장님, 저 여기 있어요. 무슨…….."

"무슨 일이냐구? 너 이 녀석. 기술도 없는 놈을 불쌍해서 받아 주었더니 이 비싼 드라이버를 이 모양 이 꼴로 만들어 놓다니…….."

"아! 이것 때문에…… 사장님 보세요. 오히려 사용하기 편해 졌다구요. 물론 지금의 나사못들을 모두 십자로 바꾸어야 하는 불편함이 있기는 하지만…… 나중에 모두 십자로 홈이 생긴 나사 못을 생산한다고 한다면 이 십자 드라이버의 성능은 빛을 발할 거라구요! 시간도 절약되고 힘도 덜 들고…….”

“어? 그래? 어디…….”

40대 중반의 사나이는 필립이 건네주는 십자형 드라이버를 가지고 나사못을 돌리기 시작했다. 피겨스케이팅 선수가 빙판 위에서 스핀을 돌듯 기계에 박혀 있던 나사는 핑그르 돌며 기계로부터 빠져 나와 공장바닥으로 떨어졌다.

“와아아…… 이거 정말 힘도 덜 들고…… 쉽게 빠지네. 필립 너 정말 대단한 일을 했구나!”

“굉장해! 이런 멋진 생각을 해내다니…… 정말 큰돈을 벌 수 있겠어. 필립, 네 녀석의 고생도 이제 끝이라구!”

제 3 부 주변에서 보물을 찾은 사람들

필립은 어리둥절한 표정을 지으며 자신에게 칭찬을 하는 동료들을 쳐다 보았다.

우리의 주위에는 발명으로 탄생되어 생활을 편리하게 해주는 많은 용품들이 있다. 사람들은 수많은 이 문명의 기구들을 이용해서 좀더 편하고 쾌적한 생활을 꿈꾼다.

우리가 접하는 발명품들 가운데는 시행착오를 거치며 불편함을 개선하고 편리한 기능을 첨가시켜 더 나은 제품으로 탄생된 것들도 있다. 개선은 또다른 관심과 수요를 일으키며 선풍적인 인기를 끌기도 한다. 그러한 발명품들 가운데 하나가 지금 소개하는 필립의 십자 나사못과 드라이버이다.

가난한 소년 가장

"다녀왔습니다. 애들아 형이 돌아왔다."

검은 베레모를 얼굴 깊숙이 눌러쓰고 해어진 낡은 겉옷을 걸친 소년은 무엇이 기쁜지 연신 벙글거리며 경쾌한 목소리로 소리를 질렀다. 소년이 두 팔로 감싸안은 누런 종이포장지에는 말라서 딱딱히 굳어 보이는 검은 빵이 싸여 있었다. 소년이 들어선 허름한 집안에는 눈에 띄는 가구도 없었고, 가구라고 놓여 있는 것도 칠이 벗겨지거나 틈새가 벌어져 한눈에 봐도 어려운 형편임을 짐작할 수 있었다.

"필립 돌아왔니? 오늘 창고일은 어땠니? 힘들지는 않았고?"

소리나는 침대 위에는 핏기 없이 마른 중년의 여인이 걱정스

발명의 보물찾기

런 표정을 지으며 누워 있었다.

"엄마, 오늘은 벌이가 좋았어요. 감독도 좋은 사람 같고……
덕분에 이렇게 검은 빵도 구했다고요."

땀으로 얼룩진 소년은 함박웃음을 지었다.

십자드라이버의 발명으로 세계적인 기업인이 된 거부 필립
은 유복하지 않은 어린 시절을 보내야 했다. 그의 아버지는 필립
이 어릴 적에 병으로 세상을 떠났다. 어린 동생과 병든 엄마를 위
해 그는 철도 들기 전에 생활전선에 뛰어들어야 했다. 어린 필립
의 머릿속은 언제나 자신의 어깨를 내리누르는 버거운 가난으로
부터 벗어나야 한다는 일로 가득했다.

필립은 돈을 모아야 한다는 생각에 무슨 일이든 닥치는 대로
했다. 하지만 자존심 강한 필립은 하찮은 일이라도 최선을 다했
다. 그의 성실함에 반한 일터의 주인들은 필립이 오랫 동안 머물
러 주기를 원했지만 좀더 많은 월급을 받아야 생계가 가능한 필
립은 한 곳에 머물 형편이 못 되었다. 그런 가운데 더러는 계속
있고 싶고, 더 깊이 배우고 싶은 욕심나는 일자리를 놓치는 경우
도 있었다. 그럴 때마다 필립은 자신의 가난을 원망하며 갈등의
시간을 보내야 했다.

발명으로 운명 바꿔

"자… 이것은 우리 가게에서 유일하게 하나 있는 수리용 공
구들로 가득찬 공구통이다. 아마 이 가게 안에서 가장 비싸고 값

제 3 부 주변에서 보물을 찾은 사람들

어치 있다고 해도 과언이 아닐거야. 그만큼 소중한 것이지……."

　며칠 전부터 새로운 일을 시작한 필립은 작은 수리가게의 작업에 푹 빠져 있었다. 가게의 주인 아저씨도 깐깐해 보이기는 했지만 지낼수록 인정 있는 사람이었다.

　필립이 하는 일이란 주로 가게의 잔심부름을 하거나 일이 끝나면 문을 닫고 사용한 각종 공구들을 깨끗이 닦고 정리하는 것이 고작이었다. 기름때로 얼룩진 공구들을 만지고 있다 보면 어느새 그의 몸에서도 역한 기름냄새가 진동했다. 그러나 신기한 모양과 각각의 쓰임새가 다른 다양한 기구들을 만지다보면 필립은 혼자만의 신비한 세계로 빠져들고는 했다.

　"이런 도구들을 능숙하게 다루게 되면 나도 무엇이든 고칠 수 있게 될까? 어서 빨리 기술을 익히고 싶어. 기회만 생긴다면……."

　그러던 어느 날 기계를 다루는 일에 매력을 느끼고 푹 빠져 있던 필립에게 기회가 왔다. 늘 뒷전에서 잔심부름을 하는 필립의 됨됨이를 지켜보던 가게의 주인이 직접 기계를 다룰 수 있는 기회를 준 것이었다.

　"좋아! 이만큼 공구를 조심스럽게 다룰 줄 안다면 1차시험은 합격이다. 이번에는 기계를 청소하면서 얼마나 기계들과 친숙해졌는지 너의 눈썰미를 테스트해 보지. 이번에도 만족할 만한 결과를 보여준다면 너를 정식 직원으로 채용하도록 하겠다."

　그 날 이후 필립의 귀가시간은 더욱 늦어졌다. 밤늦도록 가게에 남아 기계와 시간을 보내는 필립은 더없이 행복했다. 희망

발명의 보물찾기

이 보이는 듯했다. 그러나 기계를 다루는 일이 많아지면서 필립에게도 하나의 고민거리가 생겼다. 그것은 기계들 사이에 수없이 많이 박혀 있는 나사들이었다.

"아야!"

열심히 기계를 들여다보던 필립은 기계를 힘있게 조이고 있던 나사를 푸는 순간 작은 비명을 지르며 손에 들고 있던 도구들을 바닥에 떨어뜨렸다. 그의 왼손 엄지 손가락에서 선홍색의 피가 솟는가 싶더니 이내 바닥으로 한 방울씩 떨어져 내렸다. 바닥은 필립의 손가락에서 흐른 핏방울로 얼룩졌다.

"이런…… 또 드라이버에 찔리고 말았네. 아이 쓰라려……."

중얼거리며 자신의 손을 들여다 보았다. 그의 손에는 이미 여러 개의 영광의 상처들이 들어서 있었다.

"나사의 홈을 드라이버로 여러 번 힘있게 누르는 탓에 홈부위가 마모되어 뭉뚝해지고 말았네. 이래서야 힘만 소비될 뿐 제대로 나사를 풀어낼 수 없겠는 걸……."

언제나 같은 자리에만 힘이 가해지는 일자나사의 홈부분은 시간이 지날수록 뭉뚝해져 드라이버의 힘을 견뎌내지 못하고 미끄러지면서 필립의 손바닥에 상처를 만들고는 했다.

'어떻게 해야…… 좋은 수가 없을까? 그래! 홈의 다른 방향에 새로운 홈을 만들어야겠다. 좀 번거롭기는 하지만 이 방법이 제일 쓸만할 것 같은데…….'

필립은 칼을 들고는 나사의 작은 머리부분에 홈을 만들기 시작했다. 원래 있던 일자의 홈에 반대 방향으로 홈을 내자 모양은

제 3 부 주변에서 보물을 찾은 사람들

영락없이 십자 형상을 취하고 있었다.

"자, 이렇게 새로운 홈을 낸 부분을 드라이버로 돌려주면 일이 훨씬 수월해지는거라구…… 가만…….”

자신이 만들어 놓은 홈을 들여다보던 필립은 고개를 갸웃거렸다. 본래 있던 홈과 십자로 생긴 새로운 홈을 이용하면 나사못을 끼우고 빼내는 일이 훨씬 간단해질 수 있을 것 같았다.

"힘이 줄겠는걸…… 그래, 이 십자홈 나사를 돌리자면 드라이버도 십자인 것이 필요하겠군.”

필립은 들고 있던 드라이버의 끝부분을 잘라낸 후 나사못의 홈에 맞게 십자 형태로 깎아냈다.

발명의 보물찾기

"성공이다. 어디 보자…… 그냥 넘어가면 서운하지. 한번 시험해 볼까……."

그의 예상대로 쉽게 나사가 풀렸다. 바로 십자 드라이버 탄생의 순간이었다.

십자 드라이버의 탄생은 순식간에 사람들의 입을 통해 퍼져 나갔다. 십자형 드라이버는 공장은 물론이고 일반 가정에서도 필수적인 도구로 사랑을 받았다.

필립의 개선 아이디어는 그를 부자로 만들었다. 십자 드라이버는 신데렐라 동화의 마술걸린 호박마차처럼 필립의 삶을 바꾸어 놓았다.

우리는 일상의 사고에 묻혀 우리에게 다가와 노크하는 수많은 기회들을 놓치는 경우가 많다. 우리의 옆을 스치고 지나간 그 기회들은 이곳저곳을 떠돌다 결국에는 쓰레기더미에 묻히는 경우도 종종 있다.

그러나 기존 사고의 틀에서 탈출하여 과감하게 새로운 사고의 안경을 쓰게 된다면 쓰레기장으로 가고 있던 그 어떤 기회도 충분히 당신의 것이 될 수 있다.

제 3 부 주변에서 보물을 찾은 사람들

아버지의 아들 사랑

— 미쇼의 페달 자전거 —

자전거에 대한 꿈

아주 먼 옛날부터 사람들은 자전거에 대한 막연한 꿈을 가지고 있었다.

15세기, 이탈리아의 화가이자 발명가였던 레오나르도 다빈치는 그의 연구 노트에 자전거의 설계도를 그려놓았다.

레오나르도 다빈치에 이어 1818년, 독일 드라이스 남작, 1839년 영국의 맥밀란, 그리고 1861년 프랑스의 피에르 미쇼, 1890년 영국의 로슨 등 수많은 발명가가 지혜를 모아 자전거의 발명에 힘을 기울였다.

그런데 그 많은 발명가들 중에 가장 먼저 자전거를 만들어 기업화에 성공한 사람은 프랑스 사람인 미쇼였다.

고장난 자전거

프랑스 파리의 변두리에 만물가게가 하나 있었다.

만물상에는 온갖 잡다한 물건들이 가득히 쌓여 있었다.

"미쇼 아저씨, 우리 집 램프가 고장났는데 고칠 수 있지요?"

"그럼, 맡겨 놓고 가거라."

"어제 저의 아빠께서 맡겨 놓은 시계는 다 고치셨어요?"

"그거? 여기 있다."

"우와, 미쇼 아저씨는 고장난 물건을 귀신처럼 잘 고치신다더니 과연 그렇군요."

"원, 녀석도! 자, 어서 가거라."

"네 아저씨, 돈은 여기 있어요. 안녕히 계세요."

"오냐."

만물수리상을 하는 미쇼의 손재주는 이미 많은 사람들에게 알려져, 그는 잠시도 앉아서 쉴 틈이 없을 정도로 바쁘게 일을 해야 했다.

그러던 어느 날, 독일의 드라이스 남작이 설계했다는 자전거 한 대가 고장난 채로 미쇼에게 맡겨졌다.

"미쇼 아저씨, 저의 자전거가 고장이 났는데 고쳐 주세요."

"그래? 어디 한번 보자."

"제 드라이스호를 잘 부탁해요."

"음, 잘 고쳐 놓을 테니 며칠 후에 찾으러 오너라."

제 3 부 주변에서 보물을 찾은 사람들

발명가의 이름을 따서 '드라이스호'로 불리는 그 자전거는 사람이 타고 즐길 수 있는 일종의 장난감 같은 것이었다.

"흠, 나무로 만들어졌구나."

미쇼는 고장난 드라이스호를 물끄러미 바라보다가 수리를 하기 시작했다.

한 시간이 채 되기도 전에 수리를 전부 마쳤다.

'이제 다 됐다.'

미쇼는 수리가 잘 되었는지 시험해 보기로 했다.

"얘, 에룬스트!"

"아빠, 왜 그러세요?"

"이리 와서 이 자전거 좀 타 보지 않을래?"

미쇼의 말에 아들은 순순히 응했다.

발명의 보물찾기

“자전거를 고치셨어요? 제가 한번 타 볼게요.”

잠시 후, 아들 에룬스트가 자전거를 끌고 돌아왔다.

“에룬스트, 잘 고쳐졌든?”

“네, 아빠. 그런데 자전거가 너무 불편해요.”

“불편하다고?”

당시의 자전거는 발로 땅을 찰 때 생기는 힘으로 전진하는 데다, 페달도 없어 장난감 수준에서 벗어나지 못하는 형태였다.

“아버지, 장난감 같아요. 좀더 편한 자전거가 있으면 좋겠어요.”

“편한 자전거라…….”

아들의 이야기를 듣는 순간 미쇼는 생각에 잠겼다.

페달이 달린 자전거

미쇼는 아들을 위해 편리한 자전거를 만들 생각을 했다.

‘앞으로 나아가기 위해, 바퀴를 밀어낼 수 있는 페달을 달면 훨씬 쉽게 전진할 수 있을 거야.’

그 때부터 미쇼는 수리를 해달라고 맡긴 고장난 물건들을 제쳐놓고, 작업실에서 꼼짝도 하지 않았다.

오직 페달이 달린 자전거 연구에 몰두하고 있었다.

‘페달을 발로 밀어내면서 앞으로 전진하게 하는 방법이 필요해.’

연구와 실험이 계속되는 가운데 며칠이 흘렀다.

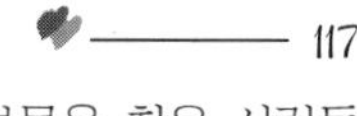

제 3 부 주변에서 보물을 찾은 사람들

“여보, 제때 식사는 하셔야죠.”

부인의 채근에도 불구하고, 미쇼는 페달자전거 만들기에 여념이 없었다.

까칠해진 얼굴로 작업실을 나서는 그의 얼굴 위로 미소가 떠올랐다.

“에룬스트, 아빠가 무엇을 만들었는지 한번 볼래?”

“아빠! 뭔데요.”

“잠깐만 눈을 감았다가 떠 보렴.”

에룬스트는 미쇼가 시키는 대로 했다.

“짜잔.”

“어? 아빠, 이건 자전거 아니에요.”

“그래, 네가 원하던 페달 자전거야. 어떤지 타 볼래?”

“그럼요. 아빠.”

에룬스트는 자전거를 끌고 밖으로 나갔다.

“아빠, 정말 편리한 자전거에요.”

“마음에 드니?”

“네. 정말 훌륭해요.”

“그럼 성공했구나.”

페달이 달린 자전거 발명에 성공한 것이었다. 지금으로부터 139년 전인 1861년의 일이었다.

“미쇼가 새로운 자전거를 만들었대.”

“그 만물박사 미쇼 말이야?”

“응, 정말 편리한 자전거래.”

발명의 보물찾기

미쇼가 새로운 자전거를 만들었다는 소문은 순식간에 퍼져 나갔다. 그러자 여기 저기에서 자전거를 만들어달라는 사람들이 모여 들었다.

"미쇼씨, 새로운 자전거를 만드셨다지요? 저에게도 한 대 만들어 주십시오."

"저도요. 아들에게 선물하고 싶어요."

만물수리상은 어느새 자전거를 만드는 일로 바빴다.

"여보, 이거 정신 없군. 자전거를 만들려면 당신이 도와줘야겠어."

"아빠, 저도 도와드리겠어요."

"에룬스트, 고맙다."

바쁜 일손을 덜기 위해 온 가족이 동원되었다.

가족이 총동원되어, 자전거 제작에 몰두했던 첫 해에 90대나 되는 자전거를 팔았다.

"올해 90대의 자전거가 팔렸구나."

"아빠, 굉장하군요."

다음 해인 1862년에는 142대나 되는 자전거를 팔아 꽤 많은 돈을 벌게 되었다.

3년째 되는 1863년에는 프랑스 전역은 물론, 영국에서까지 주문이 들어왔다.

"여보, 이제 우리 가족의 힘만으로는 안 되겠어. 일꾼을 채용해서 자전거를 만들어야 하겠어."

"당신 뜻대로 하세요. 정말 잘 된 일이에요."

제 3 부 주변에서 보물을 찾은 사람들

그리고 300명 이상의 종업원이 채용되어, 자전거 역사상 처음으로 대량생산의 체계를 이루게 된 것이다.

자전거의 인기는 가히 폭발적이었다.

밤낮으로 만들어내도 주문을 감당할 수 없을 정도였다.

1868년 5월 31일에는 파리에서 세계 최초로 자전거경주대회가 열리면서 독일, 이탈리아 등 유럽으로 팔려 나갔고, 미쇼는 억만장자가 되었다.

발명의 보물찾기

개구쟁이의 모험심이 계기

— 사무엘슨의 수상스키 —

소년에게서 배우라

동심의 세계는 무궁무진한 꿈의 세계다. 때로는 엉뚱한 발상, 이치에 맞지 않는 생각들을 가능하게 하고, 갈 수 없는 곳도 가고, 할 수 없는 일을 하게 한다.

때묻지 않은 어린이의 마음은 각박한 사회 속에서 인간이기를 포기하고, 하나의 부속품으로 사는 데 만족하는 많은 사람들에 대한 경계이다.

또한 동심은 상식과 체면이라는 단편적인 기준에 매달려 상상력과 모험심을 잃어가는 어른들에게 각성을 촉구하는 경종이 되기도 한다.

발명을 생각하는 사람이라면 동심의 세계를 간직하라고 충고하고 싶다. 때로는 자신의 깊은 곳에서 메아리쳐 오는 장난기

제 3 부 주변에서 보물을 찾은 사람들

와 개구쟁이 기질에 귀를 기울이라고…….

동심의 세계에서 울려나오는 엉뚱한 생각이 때로는 기발한 아이디어를 만들어내기도 한다.

여름 레포츠로 각광받고 있는 수상스키도 바로 한 개구쟁이 소년의 장난기 어린 생각에서 탄생한 것이다.

호숫가의 개구쟁이 소년

미국 미네소타의 한 산골 마을에 눈이 많이 내렸다.

기온은 영하를 오르내리는 추운 겨울이었지만, 커다란 호수에 비친 눈덮인 산의 풍경은 한 폭의 그림처럼 아름다웠다.

"사무엘슨, 사무엘슨!"

랄프 사무엘슨은 친구들의 부름에 귀를 쫑긋거렸다.

"쉿, 조용히 해!"

소년 사무엘슨은 창문 밖으로 고개만 살며시 내밀고, 입술에 손가락을 가져다대며 주위를 살폈다.

"사무엘슨, 스키 타러 가자."

"그래, 알았어. 지금은 엄마가 현관에 계시니까 나갈 수 없어. 조금 있으면 밖에 나가실 테니까 잠시 숨어서 기다려줘! 알았지?"

"응, 그래! 저쪽 숲에 있을테니까 빨리 나와라."

"그래! 그래, 엄마한테 들키면 안 되니까 빨리 가 있어!"

사무엘슨은 재빨리 말을 마치고 창문을 닫았다.

발명의 보물찾기

랄프 사무엘슨은 동네에서 둘째 가라면 서러워할 정도로 말썽쟁이였다.

새로운 것이나, 위험한 일, 그리고 하지 말라는 일이면 어떻게 해서든지 해보려고 안달이었다.

사무엘슨의 부모나 이웃들은 그의 대담함에 혀를 내둘렀고, 잔소리를 귀가 따갑도록 했으나 아무 소용이 없었다.

"사무엘슨, 그건 위험해!"

"얘야, 그러다가 다치면 어쩌려고 그러니?"

"저런 저걸 어째! 쟤가 왜 그래?"

하지만 그의 말썽은 그치지 않았고, 급기야 그의 부모들은 사무엘슨의 외출에 규제를 가하기 시작했다.

"사무엘슨, 이 귀한 것을 다 부쉈으니 어떡해! 그 벌로 오늘부터 외출금지다. 알았지?"

사무엘슨의 엄마는 그가 집안에 있는 귀한 물건들을 고장내고, 부술 때마다 가끔씩 외출금지령을 내렸다.

"알았어요. 엄마! 이제부터 동화책만 읽을게요."

사무엘슨 또한 엄마의 말씀대로 차분히 앉아 독서에 열중하겠다고 다짐을 하지만 그것은 그 때뿐이었다.

집안에 있으면 집안에 있는 대로, 밖에 나가서는 나가는 대로 말썽부릴 것만 눈에 뜨이는 그의 개구쟁이 기질은 여전히 남아 있었기 때문이다.

'에이 참, 엄마는 대체 언제 나가시는 거야. 친구들이 기다릴 텐데…….'

제 3 부 주변에서 보물을 찾은 사람들

　한창 호기심이 많고, 모험심에 불타는 사무엘슨의 어린 가슴은 추운데서 기다리고 있을 친구들 생각으로 가득 찼고, 빨리 밖으로 나가고 싶어 안달이었다.

　그 때였다. 드디어 엄마의 부드러운 목소리가 현관에 메아리쳤다.

　"사무엘슨, 엄마가 시장에 다녀올 동안 책 읽고 있어야 한다. 밖에 눈이 많이 와서 위험하니까 함부로 나가지 말고…… 알았지?"

　"네, 알았어요. 엄마!"

　사무엘슨은 저절로 피어오르는 입가의 미소를 감추고 천천히 방안에서 걸어 나왔다.

　"엄마, 안녕히 다녀오세요."

　"그래, 그럼 다녀오마. 응? 문 잘 잠그고 있어야 해!"

　"네, 염려 마세요."

　그렇게 엄마가 외출하신 후, 사무엘슨은 얼른 스키를 어깨에 메고 집밖으로 나섰다.

　"크하하하…… 엄마가 돌아오시기 전에 살짝 돌아오면 되지 뭘……."

　쌓인 눈으로 길은 미끄러웠고, 찬바람이 눈 위로 쌩쌩 불어 닥쳤다.

　"사무엘슨! 여기야."

　"와! 어떻게 빠져 나왔어?"

　"엄마한테 들키기 전에 빨리 가자."

발명의 보물찾기

사무엘슨을 비롯한 아이들이 마치 탐험을 떠나는 사람처럼 눈 위를 구르며 호수 위 산으로 올라갔다.

"와! 신난다."

"얏호, 나 내려간다."

산악지대인지라 짧은 겨울 해는 금방 산뒤로 넘어갔고, 주위는 점점 어두워졌다.

"이제 그만 내려가자. 사무엘슨!"

"그래, 너무 늦었어!"

동네 아이들이 사무엘슨을 재촉했다.

그러나 그의 모험심은 그렇게 얌전히 돌아가도록 내버려두지 않았다.

"알았어! 기왕 돌아갈거면 저 산꼭대기로 올라가서 한 번만 타고 내려올게."

"안돼, 사무엘슨! 그곳은 너무 위험해서 어른들도 잘 안 가는 곳이야!"

"저런, 바보 같기는…… 남들이 잘 안가는 곳이니까 가 봐야지! 그래야 스릴이 있지!"

"그래도 너무 가파른 곳이라 잘못하면 눈 속에 묻히게 돼!"

친구들의 만류에도 불구하고 사무엘슨은 산을 오르기 시작했다.

"못난이들…… 겁쟁이 같으니라고! 싫으면 관둬. 나 혼자 다녀올거야."

주위는 점점 어두워 오고 있었다.

산꼭대기에 오른 사무엘슨의 시야로 커다란 호수와, 눈 덮인 마을, 그리고 발 밑으로 조그맣게 보이는 친구들이 그를 손짓으로 부르는 모습도 들어왔다.

"알았어! 이 사무엘슨이 끄떡없이 내려갈테니 걱정마! 겁쟁이들아."

사무엘슨은 발끝에 힘을 주며 스타트를 했다. 지나가는 나무들과, 눈 덮인 산야가 손짓하며 그를 부르는 듯했다. 가파른 산이지만, 언뜻 보기에는 부드럽고 하얀 솜털 이불 같았다. 그 위를 사무엘슨은 신나게 달려 내려왔다.

"이얏호!"

그러나 다음 순간, 그는 어둠에 가려 잘 보이지 않는 잡목에

발명의 보물찾기

부딪치며 눈속으로 곤두박질치고 말았다.

"앗!"

사무엘슨은 온몸에 통증을 느끼며, 의식이 점차 흐려지는 것을 깨달았다.

신나는 물 위에서의 스키

말썽 많은 개구쟁이 소년 랄프 사무엘슨은 자람에 따라 그의 놀이도 점점 다양화하고, 극적이 되어 갔다.

'심심한데 오늘은 무엇을 하며 놀지? 오랜만에 스키를 타 볼까?'

그의 나이 어느덧 열여덟이 되던 해였다.

어린 시절, 스키를 타며 모험을 즐기다가 여러 번 부상을 당하기도 했지만 그의 호기심은 끝이 없었다. 그래서 여전히 그의 스키는 계속되고 있었다.

하얀 눈이 쌓인 산자락의 끝을 여전히 아름다운 한 폭의 그림처럼 낮게 드리운 호수 위의 산그림자.

사무엘슨은 눈 위를 미끌어지다 말고 문득 한 가지 묘안을 생각해냈다.

'호수에서 스키를 타면 얼마나 근사할까? 분명 정신이 아찔할 정도로 신날 거야.'

주위를 놀라게 하는 갖가지 모험끝에 그가 찾아낸 놀이는 바로 '물 위에서의 스키'였다. 난데없이 물 위에서 스키를 타겠다는

제 3 부 주변에서 보물을 찾은 사람들

발상을 하게 된 것이다.

그가 자신의 계획을 실현하기 위해 제일 먼저 한 일은 스키를 물 위에서 끌기 위한 동력원을 찾는 것이었다.

'눈 위에서 스키를 타는 것은 산의 높은 경사면을 따라 저절로 이동되는 중력의 힘을 받아 움직일 수 있지만, 물 위에는 경사면도 없고…… 중력의 힘을 기대할 수 없으니 무슨 수로 스키를 탈까? 그것이 문제로다.'

그는 물 위에서의 스키의 이동은 고사하고, 물 속에 빠지는 난점을 해결해야 했다.

'어떻게 하면 물 속에 빠지지 않고 물 위를 달릴 수 있을까?'

그는 매일 호숫가에 나와 호수 위에서 스키를 타는 상상을 하며 소일하게 되었다.

그러던 어느 날, 빠른 속도로 그의 눈앞을 스치며 지나가는 쾌속정을 발견하자 무릎을 탁 쳤다.

'옳지! 바로 저거다. 저 빠른 쾌속정 뒤에 매달려 간다면?'

그는 보트의 뒤꽁무니에 매달려 간다면 빠른 속도로 달리며 물에 빠지지도 않고, 신나는 스키를 탈 수 있을 것이라고 믿었다.

그런 그가 마침내 용감한 수상스키를 선보이기로 한 첫날.

"사무엘슨, 너 정말 괜찮겠니?"

그의 친구들이 걱정스런 눈으로 그를 보며 물었다.

"염려마! 잘 될 거야."

사무엘슨의 대답은 비장하고 간결했다.

그의 주위에는 사무엘슨의 기이한 묘기를 보기 위해 사람들

발명의 보물찾기

제 3 부 주변에서 보물을 찾은 사람들

로 가득 찼다.

"물 위에서 스키를 탈 수 있다고? 내 생전에 그런 말은 처음 듣는데."

"아무렴! 산 위에서 스키를 타는 것으로 잔뼈가 굵은 나지만 물 위에서 스키를 탄다는 말은 듣느니 처음일세!"

"여하튼 구경이나 해 보세!"

"이제 출발하려는 모양이군. 저걸 보게나!"

그러나 사무엘슨의 소원은 그리 쉽게 이루어지지 않았다.

보트의 뒤꽁무니에 매달려 그 힘으로 물 위를 멋지게 달리려고 했으나, 그의 가상한 용기에도 불구하고 그의 몸뚱이는 곧 균형을 잃고 무참하게 물 속으로 처박히고 말았다.

그의 희망대로 되기에는 보트의 속도가 너무 느렸고, 그가 신은 스키는 너무 가늘었던 것이다.

"와핫핫하! 저걸 보게. 물 속에 거꾸로 처박혔네."

"그럼 그렇지! 어떻게 물 위에서 스키를 탄단 말인가? 미친 짓이지."

"멋있게 폼을 잡는다 했더니……."

사무엘슨의 기행을 보기 위해 모였던 사람들은 하나같이 웃음을 터뜨렸다.

그리고 일제히 조롱섞인 농담으로 그를 난처하게 만들었다.

"늘 말썽만 부리더니…… 하는 일이 그렇지 뭐! 그만 돌아가세."

"에이, 시간만 낭비했네."

발명의 보물찾기

"그래도 묘기는 묘기 아닌가? 물 속에 거꾸로 처박히는 것도 아무나 할 수 있는 묘기가 아냐."

그런데 이상한 것은 그런 조롱을 받으면서도 전혀 굽혀지지 않는 그의 신념이었다. 거기에서 포기하기에는 사무엘슨의 의지가 너무 굳었고 신념 또한 확고했다.

성공한 사람이 되는 데 별 도움이 될 것 같지도 않은 일에 그는 이상하게도 열심이었던 것이다.

'으음, 보트의 속도와 스키의 폭에 실패의 원인이 있어! 어떻게 하면 이것을 개선할 수 있을까?'

그는 실패의 원인이 보트의 느린 속도와, 스키의 가느다란 폭에 있다고 믿고 이를 개선하기 위해 다시 골몰하였다. 처음의 실패 따위는 전혀 아랑곳하지 않는 태도였다.

'보트의 속도가 빠르고 스키의 폭이 이보다 훨씬 넓다면 분명 성공할 수 있을 거야. 보트가 빨리 달리는데 물에 빠질 틈이 어디 있겠어?'

그는 폭이 9인치 정도되는 넓은 소나무 널빤지와 튼튼한 가죽끈으로 만든 새로운 수상스키를 만들었다.

널빤지는 열을 가해 앞부분이 휘도록 만들었고, 중앙부분에 가죽끈을 달아서 발을 동여맬 수 있도록 배려하였다.

"이 사람, 사무엘슨 이제 제발 그만두게! 어느 정도 실현 가능성이 있는 일을 꿈꾸어야지. 물 위를 달릴 수 있다는 것은 어린 시절에나 갖는 꿈이란 말일세!"

"그래, 이젠 제발 꿈을 깨라고!"

주위에서는 밤낮으로 스키에 매달려 있는 그를 만류하기 시
작했다.

그러나 그는 요지부동이었다.

그렇게 완성된 스키의 길이는 약 8피트 정도. 일단 성공적인
작품이 되었다. 종전보다 폭이 넓을 뿐만 아니라 앞부분의 굴곡
덕분에 날렵하게 보이기까지 했다.

완성된 새로운 스키를 가지고 사무엘슨이 찾은 곳은 미시시
피 강가에 있는 레이크시티 호수였다.

비록 그가 원했던 빠른 속도의 보트를 구할 수는 없었지만,
개량된 스키가 한몫을 해줄 것으로 믿고, 그는 위풍도 당당하게
구경꾼들 앞에 나섰다.

"사무엘슨이 또 물 위에서 스키를 타겠대."

"그래? 그럼 구경 가야지!"

이번에도 예외 없이 호수 주변은 사람들로 빼곡히 들어찼다.
모두들 사무엘슨이 물에 처박히는 우스꽝스런 모습을 보기 위해
몰려든 것이다.

"이번에는 제대로 탈 수 있을까?"

"여보게! 그것이 가능한 얘긴가!"

"아니야, 이번에는 성공할지도 모르지."

"나는 차라리 물에 거꾸로 처박히는 게 1분 뒤인가, 2분 뒤인
가를 따져서 내기를 걸겠네."

"좋아! 1분 후에 물에 빠지는 쪽에 10달러 걸지."

"그렇다면 나는 2분 후에 걸지."

발명의 보물찾기

　마치 스릴있고 재미있는 영화의 후편을 기다리기라도 하듯 사람들은 한껏 웃을 준비를 하면서 사무엘슨의 행동 하나하나를 주시하고 있었다. 그들은 오직 준비해온 웃음보따리를 어떻게 풀 것인가 기대에 차 있을 뿐이었다.

　"쉿, 조용히 해! 이제 곧 출발하려는 모양일세."

　"어쨌든 출발하는 폼은 멋있네."

　그렇게 사무엘슨의 출발은 이루어졌다.

　그러나 다음 순간, 사무엘슨의 스키는 구경꾼들의 기대를 여지없이 무너뜨리며 물 위를 날렵하게 미끄러져 나갔다.

　"와! 저걸 보게."

　"어? 정말 물 위에서 스키를 타네!"

제 3 부　주변에서 보물을 찾은 사람들

“정말 성공했군! 성공했어.”

“여보게들 뭐 하나? 이런 때 박수를 치는 거야!”

수상스키의 역사가 시작되는 뜻깊은 순간이었다.

“놀라운 일이야! 기분이 그만이겠는걸.”

“나도 타보고 싶은데…….”

“곧 그렇게 되겠지. 아무튼 대단해!”

“와! 사무엘슨, 만세!”

사람들은 환호성을 지르기 시작했다.

수상스키의 묘기까지

사무엘슨의 수상스키는 그 후로 꾸준히 기술적으로 발전해 갔다.

‘스키의 길이를 좀더 늘려 9피트 정도로 하고, 가죽끈 밑에 고무를 부착시키면 훨씬 밀착이 되고 안전하겠지.’

또한 그는 스키의 곡선부분을 지탱하기 위해 강철 띠를 달기도 했다.

뿐만 아니라, 그는 수상스키 묘기까지 개발하여 점프를 하기도 했다. 그의 묘기를 보기 위해 사람들이 호수로 모여들었고, 사무엘슨은 그들을 위해 공연 아닌 공연을 했다.

“와! 대단하군!”

“정말 멋있다!”

그의 인기와 연기 (?) 실력이 절정에 달한 때는 22마력의 보트를 이용하면서부터였다.

"와, 35마일의 보트에 매달려 물 위로 20피트 정도나 떠다니고 있어!"

"아니, 하늘을 날고 있잖아!"

그의 묘기에 매료된 많은 사람들이 모여들어, 호수는 사무엘슨의 흉내를 내는 곳으로 변하고 있었다.

이렇게 사무엘슨만의 여름 묘기는 대중화되었고, 얼마 후에는 여름 스포츠의 대명사로 당당히 자리잡게 되었다.

세계의 많은 젊은이들을 강가로 불러모으는 수상스키는 이렇게 탄생하였다.

호숫가에 살던 호기심 많고, 모험심 많던 말썽꾸러기 소년의 도전적인 놀이로부터……

동심을 잃지 않고, 눈 위에서 즐기는 스키를 물 위에서 즐기겠다는 야심찬 생각으로 인해 결국 수상스키의 창시자로 발돋움한 랄프 사무엘슨.

그는 지금도 우리에게 이런 교훈을 남기고 있다.

'동심으로 돌아가 보라'고.

한 발 앞선 발명

― 베이클랜드의 플라스틱 ―

현상 붙은 당구공

플라스틱이라고 하면 보통 합성수지를 가리킨다. 천연 또는 인공으로 된 고분자 물질로, 열가공이 쉬워서 요즈음 플라스틱이 쓰이지 않는 곳이 거의 없을 정도이다.

어린이들이 좋아하는 필통, 책받침, 볼펜, 안경, 그리고 책상, 의자, 바가지, 저금통, 컵 등 이루 헤아릴 수 없이 많다.

그만큼 플라스틱은 우리 생활과 밀접한 관계를 맺고 있는 물질이다.

최초의 플라스틱으로 불리는 물질은 셀룰로이드라는 것인데, 이는 천연물질인 셀룰로스로 만든 천연수지였다.

그 다음으로 만들어진 것이 베이클라이트인데, 이것이 바로 지금의 플라스틱의 원조인 셈이다.

발명의 보물찾기

그러면 플라스틱은 어떻게 해서 만들어지게 되었을까?

1863년, 미국에서는 상류사회의 오락으로 당구가 몹시 유행하고 있었다.

그 당시 당구공은 아프리카에서 나는 코끼리의 상아로 만들어 사용했다.

그런데 아프리카 코끼리의 수가 점차로 줄어들면서 미국으로 수입되는 상아의 양이 줄어들자, 그렇지 않아도 엄청나게 비싼 당구공의 값은 하루가 다르게 치솟았다.

"이거 안 되겠는걸, 상아로는 더 이상 당구공을 만들 수 없겠어. 무슨 좋은 수가 없을까?"

당구공을 만들던 회사는 상아 대신 이용할 당구공 재료를 찾기 시작했다.

"상아 대신 다른 재료를 찾는 데 현상모집 광고를 하면 어떻겠어요?"

"당구공에 현상금을 붙여?"

결국 당구공 회사는 1만 달러의 상금을 걸고 현상모집 광고를 내게 되었다.

미국의 곳곳에 나붙은 상아 당구공 대용품에 대한 현상광고문 앞에는 많은 사람들이 모여들었다.

"와, 상금이 1만 달러래!"

모여든 사람들 가운데 며칠째 광고 앞에서 머뭇거리는 청년이 있었다.

인쇄공이었던 하이아트라는 청년이었다.

제 3 부 주변에서 보물을 찾은 사람들

'내가 한번 해 볼까? 그래 해 보자. 아마 재미있을 거야.'

마침내 결정을 내린 듯 하이아트는 중얼거리며 돌아서서 집을 향해 걸음을 내딛었다.

'상아를 대신할 물질이라……'

셀룰로이드의 발명

하이아트는 나무를 말려 가루로 만든 것과, 물에 불린 종이, 헝겊, 아교풀, 콜로디온, 셀 등 여러 가지 재료를 섞어 반죽한 다음, 단단하게 압축을 해서 당구공과 같은 모양으로 만들어 보았다.

상아 당구공처럼 단단하지도 묵직하지도 않은 실패작이었다.

'이번 것도 실패로군……'

발명의 보물찾기

　　실패를 거듭하며 실험을 계속한 지 3년이 지난 어느 날, 하이아트는 지금까지 자신이 만들어왔던 당구공과는 달리 상아와 비슷한 당구공을 만들었다.

　　그는 곧 현상을 내건 회사로 찾아갔다.

　　"하이아트씨, 잘 만드시긴 했으나 만족할 만한 제품은 못 되는군요."

　　그렇게 말하며 회사는 상금의 일부만 지급했다.

　　'기왕 시작한건데 여기서 멈출 수는 없지!'

　　하이아트는 다시 실험을 시작했다.

　　그는 종이가루와 셸과 콜로디온으로 단단하게 만든 공은 건조되면서 곧 줄어든다는 것에 주의를 기울였다.

　　한편 하이아트가 연구를 다시 시작하기 전, 영국에서는 파크스라는 사람이 이미 상아 대용물질을 만들어내고 있었다. 광산에서 금속제련을 하던 파크스는 독일의 화학자인 쇤바인이 보내준 질산섬유를 가지고 실험을 했다. 에테르와 알코올에 질산섬유소를 용해시켜 만든 콜로디온을 틀에 넣어, 모양을 떠서 건조시키면 원하는 모양대로 만들 수가 있었다. 파크스는 이 물질에 자신의 이름을 따서 '파크신'이란 이름을 붙였다.

　　그러나 파크스의 파크신도 하이아트의 당구공처럼 건조하면 줄어드는 결점이 있었다. 파크스는 여러 차례에 걸친 실험과 연구 끝에 장뇌를 넣어 보다 나은 파크신을 만들었다. 그는 그 후 회사를 만들고 품질 좋은 파크신을 생산했으나 잘 팔리지 않자 곧 문을 닫고 말았다.

　한편, 미국의 하이아트는 콜로디온 속에다 질산섬유소를 잘 녹일 수 있는 약품을 넣으면 훨씬 좋은 재료가 될 것임을 알아냈다. 그는 온갖 약품을 써서 실험을 했지만 질산섬유소를 녹이지는 못했다.

　그러던 어느 날, 하이아트는 피부약인 캘퍼정기를 팔에 바르다 말고 문득 생각에 잠겼다.

　'이 캘퍼정기를 콜로디온에 넣어 보면 어떤 현상이 일어날까? 한번 해 볼까?'

　그런데 그의 장난기어린 실험이 효과를 냈다. 캘퍼정기란, 알코올에다 장뇌를 녹여 만든 의약품인데 그 가운데 장뇌가 질산섬유소를 녹이는 작용을 한 것이다.

발명의 보물찾기

이렇게 하여 하이아트는 최초의 플라스틱 당구공을 만들었다. 그는 자신이 만든 이 물질에 '셀룰로이드'라는 이름을 붙였고, 동생과 함께 회사를 설립했다.

합성수지 베이클라이트

1900년, 전기화학회사를 운영하던 베이클랜드가 더 완전한 절연체를 만들기 위해 새로운 물질에 대한 연구를 시작했다. 그 동안 절연체로 쓰이는 셸은 전기가 많이 새나가기 때문에 절연체의 재료로 부적당했다.

'셸 대신 완전한 절연체가 필요해.'

베이클랜드는 연구 도중 1872년 독일의 화학자 바우어가 두 가지 화학제를 혼합해서 천연수지인 셸과 비슷한 물질을 만들었음을 알게 되었다.

바우어가 만든 물질은 석탄산(페놀)과 포르말린을 섞고, 여기에다 약간의 산을 첨가해 만든 것인데, 천연수지인 셸과 달리 단단하고 열에 강하며 화학약품에 잘 녹지 않는 성질을 가지고 있었다.

베이클랜드는 바우어의 물질이 열에 잘 녹지 않는다는 결점을 알아내고, 산 대신 알칼리인 암모니아를 결합시켜 보았다.

'자, 이제 어떻게 될까?'

결과는 그 물질이 빨리 굳지도 않았고, 딱딱하지도 않았다.

베이클랜드는 실험을 계속했다.

제 3 부 주변에서 보물을 찾은 사람들

"이제 됐다. 열을 가하면 처음에는 물러졌다가, 더 높은 열을 계속해서 가하면 오히려 단단해지는 이 물질, 이것이 바로 내가 원하던 플라스틱이야."

"이로써 전기기구를 만드는 데 아주 편리해졌군요."

"이 새로운 합성수지는 베이클라이트라고 부르겠어요."

전기기구를 만드는 데 아주 편리한 열경화성 수지(열을 가하여 성형한 다음에는 다시 열을 가하여도 물러지지 않는 수지) 베이클라이트는 전기회사들이 먼저 사용하기 시작했다.

"베이클랜드씨, 여기는 '웨이팅 전기회사'입니다. 새로운 합성수지를 사용하고 싶은데요."

"보튼 고무회사입니다. 베이클라이트를 주문하겠습니다."

베이클랜드는 '제너럴 베이클랜드 회사'를 설립하여 합성수지 베이클라이트를 판매하게 되었고, 베이클랜드는 그 후 더 많은 연구를 거듭해 여러 종류의 합성수지 제품을 만들었다.

남보다 앞선 발명과, 이것의 개선을 통하여 새로운 제품을 만들어낸 결과로 오늘날 우리 인간은 플라스틱으로 만든 많은 물건들 속에서 편리한 생활을 하고 있는 것이다.

발명의 보물찾기

마술 상자의 등장

―존 로지 베이드의 텔레비전 ―

소년의 꿈

전세계가 돌아가는 것을 한눈에 볼 수 있게 하는 대중매체는 아마 텔레비전 방송일 것이다.

요즈음은 초기의 단순한 텔레비전 방송과 달리 텔레비전 방송에 통신위성 같은 것을 이용하기도 하여, 그야말로 많은 부분을 텔레비전에 의존하고 있다고 해도 과언이 아니다.

아침 저녁으로 텔레비전 앞에 앉아 말하고, 움직이는 화면에 따라 울기도 하고 웃기도 하는 어린이라면 한번쯤 누가 텔레비전을 만들었을까 궁금증을 가져볼 만도 하다.

텔레비전의 최초의 발명자는 누구일까?

바로 영국에 사는 한 소년의 꿈에서 비롯되었다고 한다면 조금 놀랄 것이다.

"베이드, 어디 있니?"

"응, 나 여기 있어."

"내 말 잘 들리니?"

"그래, 잘 들린다. 성공이다."

소년 존 로지 베이드는 잡지에 실린 글을 읽고, 그대로 전화기를 만들어 실험중이었다.

소년시절에 전화기를 만들어 온 동네를 깜짝 놀라게 했던 베이드는 일찍부터 셀렌(스웨덴의 화학자 베르셀리우스에 의하여 발견된 새로운 원소로, 빛을 전기로 바꾸어주는 작용을 함)을 이용하여 텔레비전을 만들어보리라는 꿈을 가지고 있었다.

'나는 공대에 들어가서 텔레비전을 만드는 연구를 할 거야.'

발명의 보물찾기

소년 베이드의 가슴에는 이런 꿈이 점점 크게 자라고 있었다.

백화점의 텔레비전

베이드는 어릴 때부터 소망하던 글래스고의 왕립 공과대학에 입학하여 졸업할 때까지 줄곧 배워온 지식을 총동원하여 셀렌과 씨름하며 텔레비전 연구에 몰두하였다.

그러나 대학을 졸업하면서 그는 연구를 중단해야 했다.

"베이드, 전쟁이 일어났대!"

"뭐? 전쟁이라고!"

제1차 세계대전을 맞은 베이드는 텔레비전 연구를 중단한 채 생계를 위해 닥치는 대로 일을 해야 했다.

'이건 아닌데! 내 꼴이 도대체 이게 뭐야.'

전기 과학자가 되는 것이 꿈이었던 베이드는, 시간이 흐를수록 점점 꿈과 멀어지고 있는 자신의 모습에 실망해야 했다.

'후유, 먹고 살기에 바쁘다니……'

그러나 돈을 벌어야 했으므로 달리 어쩔 도리가 없었다. 그는 온갖 궂은 일을 마다하지 않고 열심히 일했다.

그러는 동안 그의 몸과 마음은 지칠 대로 지쳐서 결국 아무 일도 할 수 없게 되어 버렸다.

'안 되겠어, 이대로는. 좀 쉬어야겠다.'

베이드는 영국 남해안의 작은 마을에서 휴양을 하게 되었다.

바다는 늘 푸르렀고, 하늘은 높았다.

친구도 하나 없이, 늘 자연과 벗을 삼는 그에게는 옛날 일을 회상하는 시간이 많아졌다.

그러던 어느 날, 베이드는 문득 학생시절의 꿈을 떠올렸다.

'그렇지, 내 꿈은 텔레비전을 만드는 거였어. 아직 나는 텔레비전을 만들지 못했고…….'

베이드는 왠지 새로운 희망으로 가슴이 부풀어 오르는 것을 느꼈다.

'내겐 할 일이 있어. 텔레비전 발명을 위해 내 인생을 바칠 거야!'

그는 이번에는 꼭 텔레비전을 발명하고야 말리라는 결심을 하고서 여러 가지 재료를 사모으기 시작했다.

다시 텔레비전 연구에 들어간 베이드의 모습은 오랜만에 생기를 되찾았고, 진지하기 이를 데가 없었다.

"베이드씨, 좋은 아침입니다. 요즘은 좋은 일이 있으신가 봐요."

"네, 텔레비전을 만들고 있습니다."

그가 만든 텔레비전의 원리는 아주 간단한 것이었다. 마분지를 둥글게 잘라 원판을 만들고, 이 원판에 작은 구멍을 몇 개 뚫어 이것을 모터로 돌리면 물체의 그림자가 위로부터 차례로 가로로 펼치며 나누어진다.

이 때 나오는 빛을 렌즈에 모아서 광전지에 보내면 여러 가지 강도의 전기가 흘러나오는데, 이것을 옆방에서 스크린에 받아 모은 것이 전부였다.

흐릿하지만 물체의 그림자를 스크린에 비추는 데 성공한 베이드는 몇 번의 반복되는 실험을 했다.

그러나 스크린에 비치는 그림자는 너무나 흐릿했다. 번번이 흐릿한 그림자였지만, 그 실험결과를 얻기까지 지칠 대로 지친 베이드는 그만큼의 성과에도 어린아이처럼 기뻐했다.

"이제 됐어. 조금만 더 노력하면 확실한 그림자를 비추는 데도 성공할 수 있을거야."

그러나 베이드의 연구는 벽에 부딪쳤다.

'어떻게 하지? 돈이 없으니…….'

지금까지의 성공적인 연구를 도중에 포기하기는 너무나 안타까웠다. 그래서 생각다 못한 그는 신문광고를 내기로 했다.

제 3 부 주변에서 보물을 찾은 사람들

― 무선으로 먼 곳의 물체를 볼 수 있는 텔레비전의 발명을 위해 도와주실 분을 찾습니다. ―

신문에 광고가 실리자, 도와주겠다는 사람들이 나타났다.

"베이드 씨, 내가 돕고 싶소."

"연구를 돕겠습니다."

베이드는 그들에게서 제공받은 돈으로 휴양지를 떠나, 런던으로 가서 작은 연구소를 새롭게 마련하고 밤낮없이 연구에 몰두했다.

그의 텔레비전 연구는 하루가 다르게 발전되어 갔다.

그런데 베이드가 연구를 채 완성하기도 전에 독지가들로부터 제공받았던 돈마저 바닥이 나고 말았다.

그는 또다시 깊은 절망 속으로 빠져 들었다.

그로부터 며칠이 지난 후, 베이드의 소문을 들은 런던의 한 백화점 주인이 그를 찾아왔다.

"베이드 씨, 우리 백화점에 당신의 텔레비전을 전시해 보면 어떻겠습니까?"

"좋습니다. 좋고 말고요."

흔쾌하게 승낙한 베이드는 전시를 하기 위해 준비를 서둘렀다.

"런던 백화점에, 사람 얼굴이 나타나는 텔레비전이 있대."

"그런 것이 있어? 구경 가자."

사람들은 신기한 텔레비전을 구경하려고, 백화점으로 몰려 들었다.

1년 남짓 되는 전시기간을 통해, 베이드는 다시 연구를 할

발명의 보물찾기

수 있는 돈을 모았다.

'이제 사람의 얼굴이 좀더 선명하게 나타나도록 해야지.'

그는 다시금 연구에 몰두했다.

그러던 어느 날, 텔레비전 스위치를 전원에 연결하는 순간 사람의 모습이 뚜렷하게 나타났다. 드디어 연구가 결실을 보게 된 것이다.

"야호, 성공이다. 성공이야!"

베이드는 너무나 감격한 나머지 눈물을 흘렸다.

그러나 세계 최초로 만들어진 베이드의 텔레비전은 아직 개선할 점이 많았고, 이를 실용화할 만큼 연구를 계속하기에는 그는 너무 가난했다.

게다가 건강마저 극도로 악화된 베이드는 텔레비전이 대중화가 되는 것을 보지 못한 채, 세상을 떠나고 말았다.

텔레비전의 발전

그 후, 텔레비전은 1909년 러시아사람 로징에 의하여 크게 개선되었다. 이 새로운 원리는 음극선관을 이용하는 주사방식이었다.

그러나 그 역시 텔레비전의 대중화는 이루지 못했다.

1928년 미국의 한 대기업의 지원으로 즈보리킨과, 펜즈워드라는 사람이 각각 텔레비전의 영상을 송신하는 아이코노스코프라는 광전판과, 이미지 디젝터라는 촬상관을 발명했다.

    이 두 발명으로 1935년, 세계 최초로 실시된 상업용 시험방
송을 성공적으로 이룰 수 있었다.

    "텔레비전 시험방송입니다."

    "세계 최초의 상업용 시험방송은 아주 성공적입니다."

    그리고 1946년, 미국인 로즈와 와이머가 사람의 눈보다 감도
가 높은 이미지 올시콜을 발명하고, 수신 안테나의 문제를 해결
함으로써 가정용 텔레비전의 대중화가 비로소 이루어졌다.

발명의 보물찾기

푸른 곰팡이의 기적

─ 플레밍의 페니실린 ─

어린이의 부스럼

"이런, 또 네 피부에 종기가 났구나. 긁지 말라니까."

"엄마, 가려운데 어떻게 해?"

"이 부스럼을 어쩌지? 큰일이구나."

1928년, 런던의 한 연구실에서 당시의 어린이들에게 흔하던 부스럼의 원인을 연구하는 교수 한 사람이 있었다.

알렉산더 플레밍이다.

"어린이들을 괴롭히는 포도모양의 병균, 네 놈의 정체를 밝히고 말겠다."

부스럼을 일으키는 포도모양의 병균을 연구하기 위해 플레밍은 실험용 접시들을 관찰하고 있었다.

알렉산더 플레밍은 1881년 영국 스코틀랜드의 농가에서 태어났다.

플레밍은 사람들이 질병의 고통에 시달리는 것을 보고 늘 마음아파하는 청년 중 한 사람이었다.

"나는 커서 학자가 될거야."

그는 공예대학을 졸업한 후, 의학에 뜻이 있어 다시 세인트메리의 학교에 진학했다.

그 학교에는 당시 장티푸스 예방주사의 발명가인 서옴러스라이트라는 훌륭한 의학자가 있었다.

"라이트 박사님, 저를 박사님 밑에서 일하게 해주세요."

플레밍은 곧 라이트 박사의 조수가 되어 일하는 한편, 의학연구를 열심히 했다.

그 결과 플레밍은 병리학자가 되어 런던대학의 교수를 겸임하게 되어 부스럼의 원인인 포도모양의 병균을 연구하던 어느날, 실험용 접시 위에 이상한 현상이 나타난 것을 발견했다.

'어? 이게 뭐지?'

젤라틴이 깔린 7~8개의 유리접시 가운데 유독 한 개의 젤라틴 위에 푸른 곰팡이가 생긴 것이다.

"이거 실험이 잘못된 것 아냐?"

플레밍은 실험이 잘못되었다고 판단하고, 곰팡이가 핀 접시

를 들어냈다. 그러다가 더욱 이상한 현상을 발견했다.

"가만, 접시 위에 잔뜩 퍼져 있던 세균이 온 데 간 데 없이 사라졌는데…….."

플레밍은 의아했다.

'세균이 사라지다니. 도대체 무엇이 세균을 사라지게 했을까? 이처럼 깨끗하게 세균이 없어진 것을 보면 분명 살균력을 가진 무언가가 작용한 것이 틀림없어.'

생각에 잠겨있던 플레밍은 접시 위에 생긴 푸른곰팡이를 조사해 보기로 하였다.

그는 곧 자신의 실수로 그런 현상이 빚어진 것임을 깨달았다.

플레밍은 한 접시에서 배양된 세균을 현미경으로 관찰한 뒤, 그만 깜빡 잊고 접시의 뚜껑을 닫지 않은 채 연구실을 나왔었다. 그런데 우연하게도 그 잠깐 사이에 곰팡이의 포자가 날아와 붙었던 것이다.

'음, 내가 실수로 뚜껑을 열어두고 나왔더니 그 사이에 곰팡이가 생긴 것이군.'

사실 푸른곰팡이의 종류는 650여 가지나 되었고, 변형종류만 해도 몇천 가지가 되지만 정작 페니실린의 원료가 될 수 있는 것은 몇 종류에 지나지 않았다. 그러니까 플레밍의 실수에 때맞춰 페니실린의 원료가 되는 푸른곰팡이가 날아왔다는 것은 굉장한 우연이었다. 동시에 그것은 인류에게 내려진 하늘의 은총과도 같았다.

'우연이라고 하기보다 기적이라고 하는 편이 옳겠어. 어쩌면 이 발견은 온 인류에게 큰 희망을 줄지도 모르겠다.'

플레밍은 하늘의 은총에 감사하며 우선 푸른곰팡이를 많이 배양하기로 했다.

그는 유리접시 위에 한천을 깔고, 곰팡이의 포자를 키웠다.

한천 위에는 얼마 안 가서 솜털 같은 곰팡이가 피었다.

'이거 가슴이 설레는군.'

플레밍은 두근거리는 가슴으로 첫 실험을 시작했다. 그는 푸른곰팡이 위에 다시 접시에서 배양해 낸 병균을 놓았다. 병균들은 디프테리아균·장티푸스균, 그리고 폐렴·복막염 등을 앓게 하는 포도상구균, 사슬모양의 구균 등이었다.

병균들은 얼마 후, 장티푸스와 대장균을 제외하고 모두 곰팡이에 의해 죽어버렸다.

'흐음, 이렇게 되면 푸른곰팡이가 병균을 죽이는 약으로 쓰

발명의 보물찾기

일 수 있겠는걸…….'

플레밍은 병균을 죽이는 데 푸른곰팡이가 사용될 수 있다는 확신을 갖게 되었지만, 이것이 사람의 몸에 지장이 없는가 생각해 보지 않을 수 없었다.

그래서 플레밍은 동물을 통해 실험을 해보기로 하고, 쥐의 일종인 몰모트에게 주사를 했다.

"교수님, 몰모트에게는 아무런 이상이 없는데요."

"흠, 그렇다면 사람에게 주사해도 아무 이상이 없을 거야."

연구결과에 확신을 얻은 플레밍은 「곰팡이의 배양물이 세포에 작용하는 성질, 특히 그 인플루엔자균 분리의 이용에 대하여」라는 제목으로 논문을 발표했다.

그러나 그의 논문은 진짜 가치를 인정받지 못했다.

그 후로도 계속해서 페니실린 연구를 하는 플레밍을 사람들은 미쳤다고 했다.

"플레밍이 푸른곰팡이에 미쳤다지?"

"그러게 말야. 아까운 학자 하나 버렸군. 푸른곰팡이라니."

페니실린의 탄생

그러다가, 1940년경 플로리와 체인이라는 두 교수가 플레밍의 연구에 관심을 갖기 시작했다.

"액체인 페니실린을 가루로 만들면 훨씬 사용하기가 쉬울 것 같은데……."

제 3 부 주변에서 보물을 찾은 사람들

“연구해 봅시다.”

플로리와 체인 교수팀은 액체이던 페니실린을 주황색의 가루로 만드는 데 성공했다.

“플로리 교수님, 이제 생쥐를 이용하여 약효를 실험할 차례입니다.”

“체인 교수님, 어서 시작해 봅시다.”

그들은 생쥐를 이용한 실험을 마치고 나자, 다른 여러 실험동물들에게도 페니실린을 주사해 거듭 실험했다.

“모두 성공입니다. 교수님.”

“정말 수고하셨어요.”

제2차 세계대전중에, 옥스포드대학의 연구실에는 대량의 페니실린 생산을 위한 시설이 갖추어졌다.

“마침내, 처음으로 인체실험을 하게 되니 약간 긴장이 되는군요.”

“치료가 늦어 죽기만을 기다리는 환자이니, 어서 속히 주사를 놓읍시다.”

플로리와 체인은 환자에게 페니실린 주사를 놓았다.

“환자의 몸이 불덩이 같아요.”

주사 결과, 환자는 고열증세를 나타냈다. 페니실린은 인체에 열을 내는 부작용이 있었던 것이다.

그러나 두 사람은 끈질긴 연구 끝에 약 속에서 발열성분만을 제거하는 데 성공했다.

1941년 2월 12일, 이번에는 포도모양과 쇠사슬모양의 병균

제 3 부 주변에서 보물을 찾은 사람들

침입으로 패혈증에 걸린 가난한 환자의 몸에 페니실린을 주사했다. 그러나 그 환자는 불행하게도 치료 도중 약이 떨어지는 바람에 결국 죽고 말았다.

1942년 8월, 드디어 페니실린의 대량생산이 이루어졌다.

독일군의 침공을 피해 미국으로 연구실을 옮긴 플로리와 체인은 뇌막염에 걸린 친구에게 페니실린을 주사했다.

병세가 악화되던 친구의 체온이 정상으로 돌아오자, 플로리는 친구의 근육과 척추에 주사를 놓았다.

"오, 대성공이야! 성공."

이로써 페니실린의 약효가 알려졌다.

그러자 페니실린 위원회가 발족되었고, 연구는 더욱 발전하여 푸른곰팡이가 아니더라도 같은 원료의 조합이 가능하게 되었다.

1945년 플레밍과 플로리, 체인 세 사람에게 노벨 의학상이 수여되었다.

발명의 보물찾기

흙 속에 무엇이 살고 있었나

— 왁스만의 스트렙토마이신 —

질병의 고통

30~40년 전만 해도 결핵은 불치의 병이었다.

"콜록콜록 흐으음……."

"환자의 병이름은 결핵입니다."

의사의 이런 진단이 떨어지면 환자는 따로 격리되었다.

결핵은 결핵균에 의하여 일어나는 만성 전염병으로, 주로 폐·신장·뼈 등에 생겨 인간을 괴롭혀 왔다.

"의사 선생님, 우리 아버지를 살려주세요!"

가족들의 이런 애원에도 불구하고, 환자는 마침내 쓸쓸히 죽어갔다.

이렇게 무서운 질병인 결핵이나, 이질설사, 장티푸스 같은 병마로부터 사람을 구해낸 발견이 있었다. 항생제의 발견이다.

이러한 치료제의 발견은 질병에 걸린 많은 사람들을 고통과, 죽음에 대한 두려움에서 건져내었다.

오늘날 결핵 및 적리(이질설사)의 치료약으로 사용되는 항생 물질은 무엇일까?

흙 속의 미생물

미국의 뉴저지주 농사시험장 연구실에서 열심히 연구하는 왁스만이라는 박사가 있었다.

그의 연구는 배양그릇에서 자라는 세균에다 흙의 용액을 섞어 관찰하는 일이었다.

"박사님, 여러 나라에서 과학자들이 새로운 화학치료제를 연구하고 있다는 이야기는 들었습니다만 티푸스 균에다 흙은 왜 섞지요?"

"음, 재미있는 일이 벌어지고 있어. 조금 있으면 알게 될 거야."

"재미있는 일이라고요?"

"그렇다니까. 셔츠, 거기 완두콩이나 집어줘."

연구가 계속되던 어느 날.

"아니, 이게 어찌된 일이지요? 박사님, 세균이 모두 죽어버렸어요."

"알고 있다네."

왁스만 박사는 흙의 용액이 묻은 세균은 모두 죽어버린다는

발명의 보물찾기

사실을 발견한 것이다.

'음, 흙 속의 미생물이 세균을 모두 죽인 거야. 그것을 찾아
내야 해!'

왁스만 박사는 그래서 모든 주의력을 기울여 연구를 계속했다.

흙에는 세균작용이 있어서 동물이나 식물을 땅 속에 파묻으
면 마침내 썩어버리는 것을 알고 있는 왁스만 박사는 흙 속의 미
생물의 정체를 밝히는 데 온 힘을 기울였다.

"완두콩 속에는 5천만 개 이상의 세균이 있습니다."

왁스만은 결국 완두콩 속에 있는 세균을 알아냈다.

"5천만 개라고요?"

그랬다. 눈에 보이지는 않지만, 흙속에는 세균들이 많이 있
어서 자기들간의 치열한 싸움이 계속되고 있었다.

제 3부 주변에서 보물을 찾은 사람들

그러한 싸움 속에서 새로운 세균이 탄생되는가 하면, 침입한 세균이 죽어버리기도 했다. 그러나 어떠한 작용으로 세균간에 죽고, 죽이는가 하는 것은 그 때까지 아무도 모르고 있었다.

'세균들의 전쟁이 어떻게 이루어지는가를 연구해야 해.'

왁스만 박사는 미생물과 흙에 관한 연구를 계속했다.

"박사님, 프랑스의 세균학자 드뷔시 박사께서 티로트리신이라는 물질을 발견했다고 하는 소식을 들었는데 티로트리신이 뭐예요?"

"우리 몸의 상처에 바르는 약으로 사용할 수 있는 물질이지. 포도상구균이나 연쇄상구균을 죽이는 효과가 있다고 들었네."

땅속의 프레이비스균이 만드는 티로트리신은 몸에 난 상처에 바르는 약으로 사용되었다.

이러한 사실을 알게 된 왁스만 박사는 구체적으로 이러한 물질을 생산하는 미생물의 연구에 들어갔다.

연구가 진행되는 과정에서 왁스만 박사는 영국의 플레밍이 발견한 페니실린이라는 약도 만들어냈다.

그러나 왁스만 박사는 이에 만족하지 않고 연구를 계속했다.

"내 연구 목표는 페니실린에 의해서도 죽지 않는 세균을 죽여버릴 수 있는 강력한 약을 만드는 거야."

왁스만은 매일같이 흙의 용액으로 세균을 죽이는 연구를 계속했다.

그러나 동물실험의 결과는 실패였다. 매우 심한 해독이 일어났기 때문이다.

발명의 보물찾기

"실망인데. 해독이 일어나다니."

왁스만 박사는 흙 속의 세균들을 다시 조사해 보기로 결심했다.

흙 속에서 그가 관찰한 미생물의 수는 무려 1만 개가 넘었다.

왁스만 박사는 그 가운데서 세균을 죽이는 힘을 가진 1천 개 정도의 미생물을 가려냈다.

그리고 그 가운데서 다시 연구의 가치가 있는 10개의 미생물을 가려냈다.

"이 10개의 미생물의 정체를 밝혀내면 뭔가 있을 거야."

왁스만의 연구는 4년간이나 계속되고 있었다.

스트렙토마이신의 탄생

어느 날, 왁스만 박사는 같이 연구하고 있던 셔츠씨의 시험관을 들여다 보고 있었다.

그러다가 그는 깜짝 놀랐다. 왁스만은 긴장된 표정으로 셔츠에게 말했다.

"셔츠, 이게 어찌된 일이지요?"

"박사님, 왜 그러세요?"

"세균이 죽어 있어. 무엇을 넣었기에 세균이 죽어 있는 거요?"

시험관 속에는 장에서 병을 일으키는 병원균이 죽어 있었다.

"무슨 이유지요? 이것을 봐요."

셔츠는 대답했다.

"연구실 뒤뜰 땅 속에 있는 미생물을 넣은 것입니다."

제 3 부 주변에서 보물을 찾은 사람들

왁스만 박사의 얼굴에 미소가 떠 올랐다.

"그 미생물에 대하여 집중적으로 연구해 봐야겠어요."

왁스만 박사는 곧 그 미생물에 대한 연구를 시작했다.

"오, 놀라운 일이야. 이 미생물을 스트렙토마이세스 그리세우스라고 하지."

이 미생물을 자라게 한 액은 페니실린으로 죽지 않는 세균을 죽였다.

"정말 대단한 미생물입니다."

스트렙토마이세스 그리세우스는 장티푸스균, 결핵균은 물론 지금까지 어떤 약으로도 효력이 없었던 다른 균을 죽였다.

이러한 놀라운 약효에 왁스만 박사와 연구실의 직원들은 그

발명의 보물찾기

저 놀라워할 뿐이었다.

1944년, 왁스만 박사는 이 놀라운 약의 이름을 지었다.

"이 놀라운 위력을 가진, 새로운 약의 이름은 스트렙토마이신이라고 명명하겠습니다."

"놀랍습니다. 그 동안의 성공적인 연구결과에 축하를 드립니다."

스트렙토마이신을 소개하자, 약의 효과는 순식간에 세계에 알려졌다.

"기적의 치료약이 발명되었대."

"스트렙토마이신이 결핵병을 치료할 수 있다지?"

결핵에 신음하던 많은 환자들은 희소식에 기뻐했다.

"살았다. 이젠 살 수 있어!"

실지로 스트렙토마이신은 오늘날 결핵 및 적리의 치료약으로서 커다란 효력을 나타내고 있다.

이 스트렙토마이신 외에 클로로마이신·오레오마이신·테라마이신 등도 모두 땅 속에 있는 방선균에서 만든 치료제이다. 이것은 각각 장티푸스, 발진티푸스 및 백일해 같은 병의 치료에 사용되고 있다.

이처럼 미생물로부터 새로운 화학치료제를 발견할 수 있다는 사실은 인류에게 커다란 희망을 안겨주었다.

스트렙토마이신의 발견으로 인류에 크게 공헌한 왁스만 박사는 이 공로로 1952년 1월, 노벨 의학상을 받았다.

"왁스만 박사님, 축하합니다."

"축하라니. 질병으로 고통을 당하는 사람들의 치료를 위해 스트렙토마이신의 발명은 누군가가 꼭 해냈어야 할 일이고, 그 일을 내가 먼저 했을 뿐이네."

왁스만 박사의 이름은 스트렙토마이신과 함께 희망의 등불처럼 살아 있다.

기적의 606호

― 폴 에를리히의 매독제 ―

불치의 병

요즘은 사람이 만든 우주선을 타고, 지구 밖을 날아다닐 만큼 과학이 발전되었지만 사람의 힘으로도 어쩌지 못하는 불치의 병이 있다. 에이즈라는 병이다.

그 에이즈만큼 무서운 병으로 매독이라는 것이 있었다.

남녀관계에 있어서 정상적인 사귐을 갖지 않고, 문란한 성생활에서 비롯되며 발병원인이나 결과도 에이즈와 거의 비슷한 병이다.

매독은 1910년까지만 해도 불치의 병이었다.

그 무서운 병이 정복된 것은 바로 폴 에를리히의 발명 덕분이다.

화학물질의 연구

폴 에를리히는 의과대학에 다니는 동안 화학물질이 동물조
직에 미치는 영향에 대하여 남다른 관심을 가지고 있었다.

"염색체란 세포핵이 비슷한 분열을 할 때, 핵 속에 나타나는
막대모양의 물질이다. 염기성 색소에 잘 염색되고, 생물의 종류
에 따라 크기, 모양, 수가 일정하다."

"내가 관찰한 바에 의하면, 어떤 염료는 어떤 조직을 염색시
키며, 어떤 조직은 염색되지 않는다는 사실이다."

에를리히는 대학을 졸업한 후에도 화학물질에 대한 연구를
계속했다.

"어떤 화학물질은 일정한 생체조직에 친화력을 가지고 있어
요."

그는 이런 염색기술의 연구로써 새로운 종류의 세포를 발견
할 수 있었다.

에를리히의 연구는 그 뒤에도 계속되어 특수한 염색법에 의
해 새로운 사실을 알아냈다.

"특수한 염색법에 의해서 생체세포와 병원균을 확실히 구분
할 수 있다는 것이 사실입니까? 에를리히!"

"그렇습니다. 나는 몇 번의 실험 연구를 거쳐 결핵균을 염색
시키는 방법도 알아냈습니다."

"정말 대단히 놀라운 발견입니다."

그러나 몸을 돌보지 않는 무리한 연구는 에를리히 자신을 병
들게 했다.

"에를리히 씨, 결핵입니다. 좀 쉬셔야겠어요."

"몸을 좀 혹사했나 봅니다. 그렇다고 내가 결핵에 걸리다니……."

"연구가 중단되는 것이 안타깝겠지만 우선 몸을 돌보셔야지요."

에를리히는 할 수 없이 연구를 중단하고 휴양에 들어갔다.

그리고 1년 후.

"에를리히씨 축하합니다. 결핵이 완치되었어요."

"이제 연구를 계속해도 될까요?"

"그럼요. 아주 건강해졌습니다."

에를리히는 독일의 미생물학자인 코흐의 초청을 받아 연구
를 계속하게 되었다.

"코흐연구소에서 일하게 되어 기쁩니다."

"에를리히, 어서 오세요. 환영합니다."

에를리히는 코흐연구소에서 디프테리아 세균에 대해 관심을 갖게 되었다.

한편 독일의 의사 베링은 파상풍·디프테리아의 세균에 의한 독소가 신체의 세포에 침입하여 항독소를 만들어내고, 이것은 다른 세균의 독소를 중화시킨다는 사실을 알아냈다.

"베링의 연구에 의하면 항독소, 즉 항체는 병균으로부터 처음 공격을 받았을 때 형성되고, 그 다음에는 항체를 투입받은 동물이 면역을 얻게 된다는데, 나는 염색방법을 써서 그 항체의 정체를 드러내 보일 수 있는 연구를 해봐야 하겠습니다."

에를리히는 곧 염색방법을 써서 연구를 한 결과, 항체가 어떻게 형성되며 어떤 작용을 하는가를 규명했다. 이것이 곧 베링과 함께 확립한 측면연쇄론이다.

그 뒤로도 에를리히는 여러 가지 질병에 따른 혈청처리연구를 계속했다.

그러나 많은 병에 대해 혈청요법 하나만으로는 만족할 수 없었다.

'우리 몸의 생체조직은 다치지 않고, 병원균만을 죽일 수 있는 방법을 꼭 찾아내고 말거야.'

에를리히는 다른 생체조직은 상하지 않고 병원균만을 죽이는 화학약품의 발명에 온 힘을 기울였다. 즉, 그가 원하는 것은 실험동물에는 아무런 해가 없이 오직 병원균만을 죽일 수 있는 화학약품을 얻는 것이었다.

"자, 이 화학약품이 제1호다."

그는 화학약품을 얻기 위해 끊임없이 연구 실험에 열중하였다.

그가 실험해서 얻은 화학약품의 수는 계속 늘어갔다.

"이것은 121호이고…….''

그렇지만 약의 신통한 효과를 얻지 못했다.

"이번이 390호, 400호."

그러다가 화학약품이 418호에 이르러서야 간신히 비소화페닐글리신이 만들어졌다.

"418호, 이것은 균을 죽이는 힘이 있군."

418호인 비소화페닐글리신에는 아프리카의 수면병을 일으키는 트리파노솜균을 죽이는 강력한 힘이 있었다.

그러나 에를리히는 418호에 그치지 않고 실험을 계속했다.

"박사님, 화학약품의 수가 600을 넘어섰습니다."

"그래도 아직 만족할 만한 것은 만들지 못했어. 실험을 계속하지."

계속되는 실험으로 600호를 넘어선 화학약품의 수가 601, 602, 606호에 이르렀다.

606호는 디하이드록시디 아미노 벤젠(염화수소)이었다. 이 화합물은 처음에는 아무런 효과가 없는 것으로 여겨졌다.

"이 606호도 별 효과가 없군…….''

"박사님, 조금 쉬시면서 연구하시는 것이 좋겠어요."

"쉽지 않은 일이야. 그렇지만 기어코 찾아내고 말겠어."

606호의 재실험

그로부터 2년이 흐른 어느 날의 일이었다.

'606호를 다시 한 번 실험해 보자.'

606호의 재실험을 하던 에를리히 박사는 깜짝 놀랐다.

"아니, 이거 어떻게 된 일이지?"

"박사님, 무슨 일이세요?"

조수의 물음에도 아랑곳없이 에를리히는 감탄을 연발하고 있었다.

"스피로헤타 병원균이 깨끗하게 살균되었어. 정말 이럴 수가 있나!"

스피로헤타 병원균은 바로 매독을 일으키는 지독한 병균으로, 매독에 한번 걸렸다 하면 고생 끝에 죽는 무서운 병이었다. 그 당시 매독에 대한 두려움은 바로 요즘의 에이즈에 대한 공포와 조금도 다를 바가 없었다.

"스피로헤타균이 살균되었다고요?"

"그렇다네."

"박사님, 성공하셨군요. 불치의 병인 매독균을 정복할 수 있게 되었어요."

"아직 기뻐하기는 이르네. 실험을 더 해 봐야겠어."

에를리히는 확신을 얻기 위해 수없이 실험을 거듭했다.

1910년, 드디어 에를리히는 606호의 효과를 세계에 발표하

발명의 보물찾기

제 3 부 주변에서 보물을 찾은 사람들

였다. 이 소식을 접한 세상사람들은 놀라움과 기쁨을 금치 못했다. 가장 비극적인, 불치의 병으로 알려졌던 매독이 정복되었던 것이다.

"이 606호의 화학약품을 '살바르산'이라고 명명하겠습니다."

"안전한 비소라는 뜻이군요."

"그렇다네. 살바르산."

'살바르산'은 화학요법의 하나로, 투병을 위해 인류가 거둔 최초의 커다란 승리였다.

"이제 매독이라는 무서운 병과도 싸워서 이길 수 있게 되었어."

"어떻게 이런 일이……."

"와! 꿈이냐, 생시냐. 이제 살았어."

환자들의 입에서는 환호성이 터졌다.

부자가 되는 일에는 별로 관심이 없었던 에를리히였지만, '살바르산'이 전세계로 날개 돋힌 듯 팔려나가자 그는 곧 큰 부자가 되었다. 그것은 또한 합성화학약품, 즉 의약산업개발의 시초가 되었다.

독일에서는 이를 계기로 최초의 화학약품공장을 설립하게 되었다.

그 후 설파제가 발명되었고, 이어서 알렉산더 플레밍이 페니실린을 발명했다.

이로써 인간의 의료행위에 화학요법의 문이 활짝 열리게 되었다.

발명의 보물찾기

농약이 된 도둑 방지액

― 미야르데의 보르도액 ―

포도원의 벌레들

포도주의 나라 프랑스.

"피엘, 올해 포도농사는 잘 되어 갑니까?"

"말도 마십시오. 올 농사도 그 필록세라인지 뭔지 하는 황록색의 해충 때문에 몽땅 망쳤습니다."

"그렇군요. 조상 대대로 지어온 포도 농사를 그 묘목 때문에 이렇게 망쳐야 하다니 살 맛이 안 납니다. 후유!"

끝이 보이지 않을 정도로 넓은 포도원 앞에 서서 한숨을 짓는 농부의 이마에 주름살이 깊게 패어 있다.

"그런데 묘목 때문이라니……. 해충 때문이 아니던가요?"

"물론 해충 때문입니다. 그런데 그 해충이 바로 접목용 묘목에 붙어 미국에서 건너온 겁니다."

제 3 부 주변에서 보물을 찾은 사람들

"그랬군요. 그나저나 한두 해도 아니고, 60년도 넘게 벌레들이 극성이라니 이제 어떻게 살아야 할지 걱정입니다."

"그러게 말입니다."

포도주는 프랑스의 명산물 가운데 명산물로 맛도 좋고, 품질이 우수하여 많은 외화를 벌어들이는 수출품이었다.

그래서 포도주를 만드는 포도는 프랑스의 주산물로, 포도농사야말로 매우 중요한 농업이었던 것이다.

그런데 1858년부터 약 60여 년에 걸쳐 프랑스의 포도 주산지에 필록세라라는 해충이 번져, 포도농사를 망치게 했다.

이 황록색의 작은 벌레 때문에 포도수확이 말할 수 없이 많이 줄어들자, 프랑스의 농가에서는 시름의 나날을 보냈고, 정부

발명의 보물찾기

에서도 골치를 앓았다.

이 때 농부들의 고통을 마음아파 하는 사람이 있었다. 피에르 마리 알렉시스 미야르데라는 식물학 교수였다.

1876년에 프랑스 보르도대학의 교수가 된 미야르데는 포도원의 참상을 보다 못해 순수과학을 떠나 방제연구를 시작하기로 마음 먹었던 것이다.

'쯧쯧, 포도농가들의 괴로움이 말할 수 없겠구나. 내가 책상 앞에만 앉아 있을 것이 아니라, 해충으로부터 포도나무를 보호할 방법을 찾아야겠다. 정말, 포도밭에 한파가 몰아 닥쳤어!'

미야르데는 이 벌레에 대해 비교적 저항력이 강한 미국의 포도 묘목을, 접붙일 때 바탕이 되는 나무로 사용하고, 품질이 좋은 유럽 포도의 묘목을 접목하는 방법을 연구했다.

그의 연구는 성공적이었다.

'성공이다. 필록세라 벌레들 꼼짝마라! 너희들을 전멸시키겠다. 야호.'

노균병도 유행따라

그런데 이번에는 필록세라와 거의 동시에 들어온 노균병이 크게 번지기 시작했다. 이것은 일종의 곰팡이에 의하여 생기는 포도나무 병이었다.

'노균병의 유행이라! 거 참.'

1882년 10월의 어느 날, 미야르데는 보르도에서 가까운 포도

제 3 부 주변에서 보물을 찾은 사람들

원 안을 거닐고 있었다.

조그맣고, 푸른 포도열매가 송알송알 맺혀 있는 포도나무는 언뜻 보기에 탐스러워 보였지만 그의 마음은 몹시 아팠다.

"쯧쯧, 어린 너희들이 무슨 잘못이 있다고 시들시들 몸살을 앓고 있니?"

그의 눈에 띄는 포도나무는 모두 노균병에 걸려 시들거리고 있거나, 시들기 직전에 있었다.

미야르데는 아픈 마음을 달래며, 포도나무의 상태를 좀더 자세히 관찰하기 위해 포도원 안으로 깊숙이 걸어 들어갔다.

한참을 걷던 그는 갑자기 걸음을 멈추었다. 이상한 현상이 눈에 띄었던 것이다.

'어? 이곳은 말짱하네!'

길가에 늘어선 고랑의 포도나무들은 이상하게도 싱싱하게 잘 자라 있었다.

도둑방지 보르도액

"교수님, 웬일로 그렇게 뛰어오세요?"

포도원의 관리인이 미야르데를 향해 물었다.

"물어 볼 것이 있어요. 저 길가의 고랑에, 무엇을 뿌려 놓았나요?"

미야르데가 가리키는 손끝을 따라 시선을 집중하던 관리인이 대답했다.

발명의 보물찾기

“아, 그거요? 보르도액을 뿌려 놓았던 곳 말씀이군요.”

“보르도액? 아니 그걸 왜 거기에 뿌려 놓았지요?”

보르도액이란 황산구리와, 석회를 섞어 만든 액체인데 짙은 녹색 물질이었다.

“길 가에 다니는 사람들이 포도나무에 손을 대지 말라고 뿌려둔 것이지요.”

“짙은 녹색이 독약처럼 보이기 때문이란 말이지요?”

“네, 역시 교수님은 잘 아시는군요.”

이야기를 듣는 미야르데의 가슴에 실낱같은 희망이 떠올랐다.

그는 대학의 연구실로 돌아가는 길에 곰곰이 생각했다.

제 3 부 주변에서 보물을 찾은 사람들

‘혹시 그 보르도액에 노균병 곰팡이의 번식을 막는 어떤 힘이 작용하는 것은 아닐까?’

그의 얼굴은 점점 환해졌다.

미야르데는 연구실로 돌아오자마자 곧바로 연구에 착수했다. 그는 보르도액에 문제의 열쇠가 있다는 것을 직감하고 있었지만 연구의 결말을 쉽게 보지는 못했다.

‘이 보르도액에 뭔가 숨겨진 비밀이 있다. 대체 뭘까?’

3년도 넘게 그의 끈질긴 연구는 계속되었다.

드디어 미야르데는 보르도액이 노균병 곰팡이의 번식을 막는 이유를 알아냈다.

이유인즉, 보르도액 속에는 황산구리가 녹아 구리이온이 생겼는데, 이 구리이온이 바로 노균병의 곰팡이 포자가 싹트는 것을 방해한다는 것이었다. 그래서 보르도액을 바른 포도나무는 노균병이 돌아도 곰팡이가 증식하지 못해 계속 싱싱하게 잘 자랄 수 있었던 것이다.

그런데 미야르데의 연구시기와 때를 맞춰 얼마 동안, 노균병의 유행은 한때 수그러졌다.

그러다가 1885년에 이르러 노균병이 다시 크게 유행하기 시작했다.

미야르데는 이 때에 자신의 연구결과에 대한 대규모의 실험을 계획했다.

“그 동안 연구해온 것을 실험해 볼 때가 되었군.”

미야르데는 포도원을 둘로 나누어 한편에는 보르도액을 뿌

발명의 보물찾기

렸고, 다른 한편에는 뿌리지 않았다.

"자, 이제 포도가 자라는 것을 지켜보면 됩니다."

얼마 후, 보르도액을 뿌리지 않은 곳의 포도나무가 모두 노균병에 걸려 시들거리기 시작했다.

"미야르데 교수님, 보르도액을 뿌리지 않은 곳의 포도나무가 시들시들해요."

관리인의 말에 미야르데는 고개를 끄덕거렸다.

"그렇군요. 어디 이 쪽을 살펴볼까요?"

미야르데는 보르도액을 뿌린 쪽의 포도원을 조심스럽게 살펴보았다.

다행히도 보르도액을 뿌린 쪽의 포도나무들은 거의 노균병에 걸리지 않고, 건강하고 싱싱하게 잘 자라고 있었다.

"신기하군요. 보르도액을 뿌려놓은 쪽의 포도나무는 모두 말짱해요."

"흐음."

미야르데는 만족한 웃음을 빙긋이 웃었다.

이같은 사실이 알려지자, 프랑스의 포도 재배가들은 곧 보르도액을 쓰기 시작했다.

"이보게, 포도밭에 보르도액을 뿌려 놓으면 노균병에 걸리지 않는데요."

"그래요? 확실해요?"

"글쎄 그렇다니까요. 보르도대학교 교수님이 연구해서 발표한 거라니까 틀림없을 거예요."

제 3 부 주변에서 보물을 찾은 사람들

“그렇다면 나도 빨리가서 우리 포도밭에 보르도액을 뿌려야겠군.”

그 덕분에 프랑스의 포도원은 노균병에 대한 피해가 크게 줄어들었다.

이 소문은 곧 유럽으로 번져 나갔다.

유럽을 통해 번져나간 소문은 전세계로 퍼져 보르도액을 노균병 방지약으로 쓰게 된 것이다.

발명의 보물찾기

고체화약의 위력

― 노벨의 다이너마이트 ―

노벨상의 제정

알프레드 노벨, 노벨상을 제정한 사람.

이렇게 말하면 우리들은 아마 모르는 사람이 없을 것이다.

노벨상은 뭘까?

스웨덴의 화학 기술자인 노벨의 유언에 따라 설립된 국제적인 문화상으로 물리학·화학·생리학 의학·문학·경제학·평화상의 6개 부문이 있다.

그렇다면 노벨은 무엇 때문에 노벨상을 유언으로 남겨야 했을까?

아버지는 화약 발명가

1833년 가을, 알프레드 노벨은 스웨덴 스톡홀름의 작은 마을에서 태어났다.

알프레드는 몸이 약해서 고생을 했으나 학교성적은 뛰어났다. 그는 늘 손에서 책을 떼지 않았고, 시간만 나면 아버지의 실험실에서 무언가를 관찰하며 지냈다.

알프레드의 아버지는 발명가로 공장을 경영했으나, 운영에 실패하자 러시아로 떠났다.

"알프레드, 엄마 말씀 잘 들어라."

알프레드의 가족은 한동안 가난과 고통 속에서 시달려야 했다.

드디어 1842년, 알프레드의 아버지로부터 페테르스부르크 (지금의 레닌그라드)에 집과 공장을 마련했으니 이사를 오라는 연락이 왔다.

"엄마, 우리 이사가요?"

알프레드는 가족과 함께 아버지를 찾아 러시아로 갔다.

알프레드의 아버지는 군사용 무기를 생산하는 공장을 운영하여 큰 돈을 벌었고, 빚도 갚았다.

"알프레드, 너도 이젠 외국여행을 통해서 좀더 많은 것을 배워왔으면 하는데……."

"외국여행이라고요? 아버지, 좋아요."

알프레드는 프랑스에서 실험실을 다니며 과학기술을 익혔다.

발명의 보물찾기

영국에서는 만국박람회를 관람할 수 있었고, 미국에서는 뉴욕의 실험실을 견학했다.

"아버지, 어머니, 잘 다녀왔습니다."

2년 만에, 의젓한 청년의 모습으로 집에 돌아온 알프레드는 아버지의 공장에 나가 실험실 일을 돕기 시작했다.

그러나 무리하게 공장을 확장했던 노벨 일가는 터키와 러시아의 전쟁이 끝나자 하루 아침에 무기공장의 문을 닫아야 했고, 곧 파산하고 말았다.

"아이고, 망했구나."

"우리 고향으로 돌아가요. 여보!"

노벨 일가는 다시 스웨덴으로 돌아왔다.

그들은 새로운 일을 시작했는데, 그 몇 년 후 알프레드의 아버지는 화약을 발명했다.

"자, 이제 이 화약을 마을 앞 공터에서 실험해보자."

"아버지, 폭발력이 대단하겠지요?"

그러다가 알프레드는 채석장에서 실험을 해보면 어떨까 하는 생각이 들었다.

"아버지, 마을 앞은 위험하니 채석장에서 실험해 보면 어떻겠어요?"

"오, 좋은 생각이다."

채석장에서 벌인 화약실험은 대단히 성공적이었다.

채석장 주인은 화약의 성능에 감탄하면서 화약을 주문했다.

'정말 화약이 필요한 곳은 채석장과 건설 공사장이구나.'

제 3 부 주변에서 보물을 찾은 사람들

　그렇게 생각한 알프레드는 곧 평화적인 목적에 쓰일 화약연구를 시작했다.

　1863년 10월, 알프레드는 니트로글리세린과 검은 화약을 더한 새로운 화약으로 특허를 받았다. 이 화약은 채석장은 물론 광산과 건설 공사장에서 크게 인기를 끌었다.

　"이제부터 바빠지겠네요."

　"그래, 이제야 우리 사업도 번창하기 시작하는구나."

　아버지의 대를 이어 발명가가 된 알프레드 노벨은 바쁘게 돌아가는 공장에서 밤낮으로 화약생산에 매달렸다. 바쁜 가운데서도 모든 일이 잘 되어 노벨 일가는 즐거운 나날을 보내고 있었다.

　그러나 행복은 잠시였다.

　"알프레드! 공장에서 사고가 났어."

발명의 보물찾기

“네?”

1864년 공장에서 폭발사고가 일어나, 동생을 비롯한 많은 사람들의 목숨을 앗아간 것이다.

불행한 사고였지만, 그 엄청난 사고는 화약의 강력한 폭발력을 알리는 결과가 되어 곳곳에서 주문이 밀려 들었다.

“밀리는 주문을 감당할 수가 없으니 직접 현지에 공장을 세워야 하겠어.”

곳곳에 공장이 세워졌으나, 생산량이 늘어남에 따라 폭발 사고도 더 자주 일어났다.

“폭발사고! 14명 사망.”

“배가 폭파되어 침몰했어요!”

잦은 폭발 사고로 화약의 생산을 중단하라는 여론이 일어났다.

“사람의 생명을 앗아가는 화약의 생산을 당장 중지하라!”

“화약 생산 반대!”

결국 1866년, 노벨은 화약생산을 중단하고 말았다.

“이 화약은 액체라 조금만 충격을 가해도 폭발한다. 안전하게 만들어야겠는데. 무슨 방법이 없을까?”

액체화약을 고체화약으로

당시의 화약은 작은 충격에도 쉽게 폭발해버리는 액체였다.

다루기가 쉬운 고체로 화약을 만들면 사고의 위험이 훨씬 덜할 텐데, 액체를 고체로 바꾸는 일이란 쉽지가 않았다. 노벨은

제 3 부 주변에서 보물을 찾은 사람들

그 문제를 해결하기 위해 밤낮을 가리지 않고 실험에 매달렸다.

그러던 어느 날, 그는 실수로 실험대 위에 놓인 물컵을 넘어뜨렸다.

"아차!"

그런데 이상하게도 실험대 위의 숯가루에 물이 스며들어 흘러내리지 않는 것이었다.

그의 얼굴 위로 알 수 없는 미소가 떠올랐다.

'그래! 바로 이거다.'

그 날 이후 노벨은 숯가루나 톱밥, 벽돌가루 등 각종 가루와 액체화약을 버무려 고체화약을 만드는 실험을 반복했다.

발명의 보물찾기

되풀이되는 실험 끝에, 그는 액체화약에 대해 흡수력이 높은 고체가루를 찾으면 강력한 화약을 만들 수 있으리라는 확신을 갖게 되었다.

그 무렵 노벨은 사고예방을 위해 독일 공장을 찾아가, 화약 창고를 점검하고 있었다. 공장에서 일어난 사고는 대부분 창고에서 발생했기 때문이다. 창고를 점검하던 그는 갑자기 다급한 목소리로 외쳤다.

액체화약이 새고 있었기 때문이다.

"위험하다! 빨리 피해!"

다음 순간, 노벨은 놀라운 현상을 발견했다. 새어나온 액체화약이 충격방지제인 규조토에 스며들어 단단해지고 있었다. 규조토야말로 바로 그가 찾고 있던 흡수력이 좋은 가루였다.

노벨은 규조토를 이용하여 액체화약의 고체화 실험에 착수했다.

노벨의 확신은 적중했다. 규조토는 자신의 무게의 2배에 가까운 액체화약을 받아들였다.

"드디어 성공이다. 성공했어!"

노벨의 새로운 고체화약은 굴리거나, 망치로 두들겨도 안전하였다.

오직 한 가지 방법, 뇌관을 이용했을 때만 폭발했다.

"이것을 '다이너마이트'라고 불러야 겠어!"

"알프레드 노벨, 축하해요."

1867년 가을의 일이었다.

제 3 부 주변에서 보물을 찾은 사람들

다이너마이트는 그 안전성 덕분에 수요가 급증하여, 이에 맞추기 위해서는 세계 15개국에 공장을 세워야 했다.

"15개 나라에 공장을 세웠으니, 눈코 뜰 새 없이 바쁘겠군요."

"그렇소, 시간에 쫓기는 것은 사실입니다."

그러나 그는 틈만 나면 발명에 몰두하여 그 후로도 129건에 이르는 특허를 받았다.

1891년, 노벨의 나이 59세가 되자 그는 인류의 평화에 관심을 갖게 되었다.

그에게 커다란 부(富)를 가져다준 다이너마이트가 공업용으로 쓰여 인류에게 많은 편리함과 이익을 가져다 주기도 했지만, 어느 때부터인가 그는 그 무서운 폭발력이 전쟁 등 부정적인 면에 사용되어 온 것을 몹시 괴로워하게 되었다.

"건설이나, 공업용으로 쓰여야 할 다이너마이트가 전쟁 등 사람 죽이는 일에 쓰이는 것은 너무나 가슴아픈 일이야."

1896년 12월 10일, 그가 세상을 떠난 뒤 개봉된 유언장에는 유산의 처리방법으로, 해마다 5개 분야에 걸쳐 인류에게 가장 큰 공헌을 한 사람에게 상금을 주도록 되어 있었다.

발명의 보물찾기

학교 근처에도 가보지 못한 천재

— 프랜시스의 수차 —

수력기술자

천재는 스스로 빛을 내는 별과 같은 존재인가? 아무런 교육도 받지 못하고 극심한 환경의 고난 속에서도 세계적인 발명가로 발돋움하는 사람들을 우리는 많이 볼 수 있다.

그들의 진정한 힘은 어디에서 오는 것일까? 우연히 찾아오는 행운인가? 아니면 스스로 판 우물에서 솟는 샘물인가?

미국의 수력기술자이며 프랜시스 수차의 발명가인 제임스 비케노 프랜시스의 경우에는 후자의 영웅이라 당당히 말할 수 있다.

놀라운 연구열

풀잎에 내려앉은 이슬이 젖은 땅으로 흐르고, 작은 새의 노랫소리가 푸른 나뭇잎새로 배어 나오는 정겨운 아침이었다. 물안개가 자욱히 피어 오르는 강위로 작은 나룻배가 천천히 흐르고 있었다.

‘오늘은 바람이 없는 탓인가? 물의 흐름에 거의 변화가 없군.’

프랜시스는 뱃전에 몸을 잔뜩 수그린 채 자그마한 추를 물위에 떨구곤 혼자 중얼거리고 있었다.

가끔 바람이 불어와 안개를 몰아가고 물위에 작은 파랑을 일으켰지만 짙푸른 강물은 소리 없이 묵묵히 흘러만 갔다.

‘이런 식이라면 둑 하류의 측정결과와 좋은 비교가 되겠는걸.’

그는 낮게 휘파람을 불며 천천히 배를 강둑으로 저어갔다.

“어이! 이봐 프랜시스, 모임에 늦겠어. 서두르라고. 이른 아침부터 낚시를 하는건가?”

강둑 너머로 굵은 음성이 들려왔다. 안개 덕분에 그 얼굴을 알아볼 수는 없었지만, 프랜시스는 그 목소리로 그가 데이빗임을 단박에 알아챌 수 있었다.

프랜시스와 데이빗은 메사추세츠 로웰의 젊은 기술자의 모임인 ‘메리아크 강의 수문과 운하의 소유자’에 소속된 회원이었다. 모임의 거창한 이름이 말해주듯 그들은 패기만만하고 열정적인 젊은이었다. 그 중 특히 프랜시스의 경우에는 수력에 깊은 관심을 가지고 활동하는 선두주자였다.

“어때? 낚시는 잘 돼?”

“낚시라니! 난 엄연히 연구를 하고 있는 거라고!”

발명의 보물찾기

"내 말이 그 말이야. 개수로의 물흐름을 측정한다더니……
결과는 어때? 만족할 만해?"

데이빗은 짓궂게 웃으면서 성큼성큼 걸었다.

"글쎄…… 조만간 결과가 나타날 거야. 확실한 것은 자네가
실망하지 않을 것이란 거지."

프랜시스는 싱긋이 웃어 보였다. 그의 얼굴에는 넉넉한 자신
감이 넘쳐 흐르고 있었다.

데이빗도 그 미소에 답하여 고개를 끄덕였다. 그는 프랜시스
의 자신감이 결코 허풍이 아님을 알고 있었다. 프랜시스의 연구
열은 가히 놀라울 정도였다.

프랜시스는 자신은 스스로를 무식쟁이라 칭하며 겸손해 했
지만, 데이빗은 그의 저력에 늘 감탄하고 놀라야만 했다. 남들이

쉬는 시간에도 프랜시스는 늘 새로운 공부를 하고 실험을 했으며, 일의 끝을 보기까지는 결코 쉬는 법이 없었다. 이번에 몰두하기 시작한 수력터빈에 대한 연구도 매우 놀라운 것으로, 벌써 세 개의 수차를 만들어냈다.

"그래. 난 자넬 믿어. 난 자네의 팬이니까. 이번에 연구가 성공하면 제일 먼저 나에게 보여줘야 하네. 알겠지?"

데이빗의 당부에 프랜시스가 조용히 고개를 끄덕였다. 두 젊은이의 사이에 소리 없는 대화가 무수히 오고가는 순간이었다.

10여 년 만의 결실

1851년, 프랜시스가 수력터빈에 대한 연구를 시작한 지 어언 10여 년의 시간이 흐른 뒤였다. 그는 마침내 주위 모든 사람들과의 약속대로 연구의 결실을 맺게 되었다.

그는 두 개의 터빈을 완성했는데, 하나는 외향식 흐름의 푸르네이롱 형이었고, 다른 하나는 반경 방향을 안쪽으로 흐르는 내향식의 터빈이었다. 이 둘 중 내향식의 것은 프랜시스만의 독자적인 것으로 마침내 세계적인 주목을 받기에 이르렀다.

"우리는 드디어 또 하나의 완벽한 수력터빈을 얻게 되었습니다. 그것은 중간 정도의 낙차에서 가장 유용하게 쓰일 것입니다. 우리는 그 성공적인 작품을 발명가의 이름을 붙여 프랜시스 터빈이라 부르겠습니다."

사회자의 소개와 함께 프랜시스가 조명을 받으며 천천히 일

발명의 보물찾기

제 3 부 주변에서 보물을 찾은 사람들

어서자, 좌중에는 우뢰와 같은 박수가 터져 나왔다.

"감사합니다. 영국의 촌구석에서 태어나, 학교 근처에도 가보지 못한 저에게 이런 영광이 주어지다니…… 그저 모든 분께 감사드릴 뿐입니다."

그는 흥분을 가눌 길이 없어, 두눈에 물기를 잔뜩 머금은 채 연회장을 잠시 둘러보았다. 간간이 낯익은 얼굴들이 눈에 띄었다. 그리고 연회장의 맨 가장자리에 한 사나이가 못박은듯 서있는 것을 발견하였다.

그의 가슴은 마구 방망이질치고 있었다. 그를 진심으로 믿어주던 친구…… 바로 데이빗이었다.

"정말 감사합니다."

프랜시스의 눈에서 뜨거운 눈물이 흘러내렸다. 오랜 시간의 고통과 서러움을 한 순간에 씻어내는 통쾌한 눈물이었다. 시골 무지렁이가 미국 최고의 수력기술자로 화려하게 변신하는 순간의 감격의 눈물이었다.

연회장은 또 한 번 우레와 같은 박수소리로 터져나갈 듯했다. 인간 승리의 표본인 제임스 비케노 프랜시스에 대한 모두의 경의의 표현이었다.

박수 소리는 그 후로도 영원히 메아리쳐 울려 퍼졌다.

발명의 보물찾기

브라마만 같아라

— 조 브라마의 발명품들 —

절름발이 소년

"그 녀석, 꼭 브라마 같군."

영국의 북부에서는 지금도 특별히 재주가 많은 청년을 보면 이렇게 말하는 것을 자주 볼 수 있다고 한다. 이 말은 영국의 위대한 기술자 가운데 한 사람인 조 브라마(Joe Brammer)라는 인물에서 유래되었다.

조 브라마는 영국 제1의 기술자로 성공한 후, 당시 런던 사교계의 유행에 따라 조셉 브라마로 이름을 바꾸었기 때문에 조셉 브라마로 더 잘 알려지게 된 사람이다.

브라마는 1749년 4월 13일, 영국 요크셔의 반스리 근교에 있는 스탠버러 마을에서 태어났다.

그는 스탠버러 마을에서도 가장 가난한 농부의 아들이었다.

브라마가 열여섯 살이 되던 해, 뜻밖의 일이 벌어지지 않았다면 그는 아마도 그의 부모들처럼 가난한 농사꾼의 운명에서 벗어나지 못했을 것이다.

"브라마, 서둘러야지."

"네, 아버지. 곧 나갑니다."

마을에서는 해마다 축제가 벌어지고는 했는데 그 날은 바로 1년마다 한 번씩 열리는 축제의 날이었다.

"브라마, 준비는 단단히 했겠지?"

"네. 이번 경기에서 이기면 상품도 클 거에요."

브라마는 마을 축제에서 점프 경기에 출전하기로 되어 있었다.

"너무 욕심부리지 말고, 조심해라."

그러나 브라마의 귀에 이 말이 들릴 리가 없었다.

"알았어요. 아버지!"

건성으로 대답하는 브라마의 시야에는 한바탕 축제 마당이 벌어지고 있는 동네 한가운데로 쏠려 있었다.

"다음에는 점프 경기가 있겠습니다. 선수들은 입장해 주세요."

"야아! 브라마, 잘해!"

응원하는 동네 친구들의 목소리를 아래로 브라마는 힘껏 뛰어 올랐다.

그러나 다음 순간, 브라마는 땅에 풀썩 주저앉고 말았다. 발을 땅에 내딛는 순간 복사뼈를 다치고 만 것이다.

"으윽!"

발명의 보물찾기

다리를 다친 브라마는 움직일 수가 없어 나무조각에 파묻혀 지냈다.

'어차피 나는 농사일을 하기는 틀렸어. 아예 취미를 살려 직업으로 삼을까?'

이렇게 생각한 그는 아예 괭이를 집어 던지고 목수일을 시작했다.

그리고 스물네 살이 되기까지 목수의 도제로서 열심히 일했지만, 역시 가난에서 벗어날 수는 없었다.

'내가 평생 목수일을 한다 해도 가난을 면하기는 어렵겠어. 런던으로 가 볼까? 런던에서는 돈을 많이 벌 수 있다는데……'

브라마는 절름거리는 다리를 끌며, 170마일이나 되는 먼 길을 걸었다.

수세식 변기의 발명

살 길을 찾아 런던에 도착한 브라마는 우선 취직을 해야 했다.

"흐음, 일을 하고 싶다고?"

"네, 뭐든 맡겨만 주십시오."

"할 수 있는 일이 뭔가?"

"목수일을 7년 동안 했습니다."

스물네 살의 어엿한 청년 브라마는 목수로서의 솜씨가 좋아, 어렵지 않게 일자리를 구할 수 있었고, 자신의 솜씨를 십분 발휘하여 주급 20실링이라는 돈벌이를 할 수 있게 되었다.

　　당시에는 화장실이 멀리 떨어져 있어서 부유한 사람들의 집에서조차 '제리코'(먼 곳이라는 뜻)라는 멀리 떨어진 변소를 사용하고 있었다. 그러나 서민의 가정에는 그런 제리코조차 없어서 아래의 통행인에게 큰 소리로 경고를 한 뒤 변기의 내용물을 버리고는 했다.

　　"어? '가디르'라고? 얼마나 우스꽝스러운지 정말 못봐 주겠군. 프랑스어로 '가르로'라는 '소변 조심하세요'라는 뜻이라니……그럴 게 아니라, 내가 실용적이고 개량된 변기를 한번 만들어 볼까?"

　　브라마는 런던 사람들의 화장실 용변관습을 보다 못해 수세식 변기를 처음으로 설계하기로 결심했다.

발명의 보물찾기

"변기의 앞에서는 물이 들어오고, 뒤쪽으로 나가게 하면 되겠는데 모양은 어떻게 하지?"

여러 가지로 연구하던 그는 수세식 변기 설계를 완성하였다.

수세식 변기의 특허료는 아주 비싸서 120파운드나 되었으므로, 브라마는 많은 돈을 벌어들였고 벌어들인 돈의 절반을 5년 동안 꾸준히 저축했다.

발명이 곧 돈이라는 강한 신념을 이 때 이미 가졌음에 틀림없다.

특허를 얻고 난 뒤, 브라마(Brammer)라는 이름의 철자를 'Bramah'로 바꿨다. 그것은 이탈리아어의 장모음을 흉내내 'ah'로 발음하기를 좋아했던 당시 런던 사교계의 유행을 따른 것이었다.

브라마는 새로운 구조의 수세식 변기를 1797년까지 6천여 개나 팔아 많은 돈을 벌었다.

또 다른 발명품들

"모즐리, 이제부터는 수압 프레스를 발명해야 하겠는데……."
"사장님, 수압 프레스라고요?"
브라마의 말에 주임 조수인 헨리 모즐리가 정색을 했다.
헨리 모즐리는 공작기계의 발명가로 브라마의 밑에서 일하기로 한 사람이다.
수압 프레스의 원리는 고대 그리스 시대에서부터 잘 알려져 있었고, 가브리엘 파스칼이라는 사람은 1664년에 충분한 이해를 바탕으로 수압 프레스에 대한 스케치 그림을 그렸다.

　수압 프레스에 대한 브라마의 최초의 시도는 럼(Rum: 양주의 일종)의 실(Seal: 봉함하는 종이)이 초고압에 못 이겨 곧 소용 없게 됨에 주목했다.

　"모즐리, 내 생각으로는 럼주의 실이 고압에 못 이겨서 곧 쓸모가 없게 되는데 목면을 단단히 굳혀서 이용해 보면 어떨까."

　"브라마 사장님, 그럼 곧 연구에 들어가지요."

　"우선 가죽을 U자형으로 구부려 내부의 수압을 자동적으로 차단하면 어떨까?"

　"사장님, 좋은 생각입니다."

　그것은 훌륭한 아이디어였고, 그것으로서 수압 프레스를 실용적으로 크게 만들 수 있게 되었다.

　브라마가 만든 수압 프레스는 목면을 단단히 굳힌 것으로 보

발명의 보물찾기

일러 플레이트의 플랜지, 다리 건설이나 배의 진수 등 거의 모든 방면에 이용되었다.

"사장님, 수압 프레스의 평판이 아주 좋습니다."

"그래? 어쨌든 성공이군."

수압 프레스는 또 일정한 압력을 가해 줄 수 있었으므로, 대형 강철 덩어리를 두들기고 가압하여 필요한 형체로 만들 때나 압출에도 증기 해머보다 더 뛰어났다.

"모즐리, 이번에는 정수압을 걸어서 전선에 아연으로 옷을 입히는 방법을 연구해 보면 어떨까."

"브라마 사장님, 정말 좋은 아이디어입니다. 그러면 전선이 훨씬 안전할 겁니다."

브라마와 모즐리는 호흡이 잘 맞았으므로 연구결과 전선에 아연을 옷처럼 입히는 방법을 발명했다. 이 공정은 최근 철이나 비철금속의 냉각 압출에도 다시 사용하게 되었다.

브라마와 모즐리는 또 50년 동안 아무도 열지 못한 정밀하고, 교묘한 자물통을 설계 제작해냈다.

모즐리는 우연히 나사를 깎는 선반을 발명했고, 이로써 자물통이나 수압 프레스의 정밀부품을 제작하는 데 없어서는 안 될 아주 정밀한 공구를 만들 수 있게 된 것이다. 그것은 정밀한 공작기계를 다량으로 생산하는 계기가 되었다.

브라마는 연이어 여러 가지를 더 발명했다.

"사장님, 맥주 제조기, 지폐에 번호 붙이는 기계, 평삭기, 석재용 톱에 이어서 이번에는 만년필을 발명하셨습니다. 대단해

제 3 부 주변에서 보물을 찾은 사람들

요.”

“그래, 모즐리가 옆에서 도와준 덕분일세. 이제 또 연구를 시작할 것이 있네.”

“뭔데요?”

“자동차가 많이 생산되면, 수압과 공기압을 이용하여 자동차를 들어올릴 수 있는 장치가 필요할 걸세. 차량을 들어올리는 장치!”

1809년 그는 수압과 공기압에 의해 차량을 들어올리는 장치를 발명하여 특허를 취득했다.

브라마는 또 목재를 부식으로부터 막아주는 특수 시멘트를 발명했다.

그는 또 액체압 동력에 관한 모든 분야의 기초를 쌓았다.

이것은 액체로 어느 정도 떨어진 곳까지 큰 동력을 전달할 수 있다는 것으로 그 응용에 대해서도 브라마는 알고 있었다. 그와 같은 형태의 동력이 암스트롱 경과 같은 사람에 의해 실용화된 것은 그 후 반세기가 지난 뒤의 일이었다.

작은 길잡이 

질그릇 같이 친근한
들녘과 개울이 있는 곳.

그 곳 촌놈이
발명가 소리를 듣게 되었다.

깊은 계곡을 지나고
가시덤불 헤쳐가며
自手成家의 길을 찾아 헤매었다.

일에 홀리고
발명에 미쳐 버리더니
신지식 특허인이 되었고
우러러보던 훈장도
제일 높은 걸 차지하였다.

훈장 턱을 무엇으로 때우나?
우선 이 소책자로 갈음하고 싶다.

발명을 꿈꾸는 초보자에게
아주 작은 길잡이라도 되어 주길 바라면서……

발명의 보물찾기

지은이 · 박 혁 구
발행인 · 이 방 원
발행처 · 세창출판사
　　　　(110-100) 서울특별시 종로구 교남동 47-2
　　　　tel. 723-8660　　fax. 720-4579
　　　　e-mail: sc1992@mail.hitel.net
　　　　Homepage: www.sechangpub.co.kr
　　　　등록 1990. 10. 8 제2-1068(윤)

정가 6,000원

초판 발행일 · 2000년　7월 27일
2 쇄 발행일 · 2000년　8월 20일
3 쇄 발행일 · 2001년　2월 25일
4 쇄 발행일 · 2001년 11월 20일

본서의 무단복제를 금합니다.
잘못 만들어진 책은 바꾸어 드립니다.

ISBN　89-8411-035-3　03000

세창

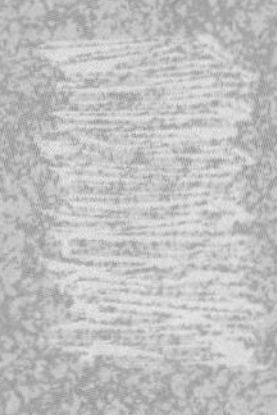